UN HORIZONTE LITERARIO
Poesías, Cuentos y Algo Más...

Dinámicos, Irreverentes, Apasionados,

Románticos, Atrevidos

Autores Club de Literatura

Publicado por
D'Har Services
P.O. Box 290
Yelm, Wa 98597
Estados Unidos
www.dharservices.com
info@dharservices.com

Derechos de autor © Autores Club de Literatura

Diseño de Carátula: **Raúl Castiblanco**

ISBN 13: 978-0-9842033-4-5
ISBN 10: 0-9842033-4-6

Todos los derechos de los autores están reservados. Este libro no se puede reproducir completo o por partes, o traducir a cualquier idioma por medios electrónicos, mecánicos, fotocopiado, o ningún otro sistema sin la previa autorización por escrito del autor correspondiente, excepto por alguna persona que use pasajes como referencia.

Impreso en USA

ÍNDICE

NOTA ESPECIAL 01
PRÓLOGO 03

FRANCISCA ARGÜELLES

BIOGRAFÍA 05
UN AMOR DISTINTO 07
ÉL, OTROS Y YO 15
SORPRESA 16
SOBRESALTO AL AMANECER 19
MINICUENTO 22
A ELLA «A mi madre» 23
SÚPLICA 24
ALMA MÍA 26
EN SILENCIO «A mi esposo» 27

EDILMA ÁNGEL

BIOGRAFÍA 29
BLANCA CECILIA 31
EL NIÑO DE LOS VIENTOS 32
TÚ CUENTAS PARA MI 33
MARIANA 34
HIJA DEL ALMA 35
MI SOL 36
LALALO 37
MI TRIÁNGULO PERFECTO 38
AMIGA 39
A LOS MIOS 40
UN DÍA Y LA PAZ 42
AQUELLA NIÑA 43
CAE LA LLUVIA 44
RECUERDOS 45

HUGO H. BLANCO

BIOGRAFÍA 47
INEXORABLE DESTINO 49

JOSÉ CABALLERO BLANCO

BIOGRAFÍA 65
SIMPLE POEMA 66
MI PRIVILEGIO 67
JAMÁS DIGAS, NUNCA 68
EL MEJOR REGALO 68
RECUENTO 68
OJALA 69
GALOPE 70
PENSAMIENTOS 71
DURA LID 72
EL ÚLTIMO ROMÁNTICO 73
HECHO NORMAL 74
TRISTE CELEBRACIÓN 75
RETOMAR 76
MUJER 78
NO PUEDE MORIR LA POESÍA 79

LUIS GUTIÉRREZ PÉREZ

BIOGRAFÍA 81
MI PRIMA MADELÍN 83
EL DESAFÍO 86

FERNANDO "FERNAN" HERNÁNDEZ

BIOGRAFÍA 89
¡ORDENE COMANDANTE! 91
EL CUBANO HABLA ASÍ 100

ARMANDO LUIS LACACI GARCÍA

BIOGRAFÍA 105
REFLEXIONES EN VERSOS 107
SE PUEDE 108
A JOSÉ MARTÍ 109
DAMAS DE BLANCO 110
EDUCADORA 111
¡CELIA CRUZ! 112
MI ABUELITA 113
TÚ EN EL SEXO 114
A UNA DAMA 115
MIS VERSOS 116
¿QUÉ HARÍAS? 117
"INFIDELIDAD" 118
COMO NOS CONOCIMOS 120

LESBIA LOZANO -AISBEL

BIOGRAFÍA 125
AMOR ETERNO 127
LAS DAMAS DE BLANCO" 130
RAZONES 133
PATRÍA Y DIGNIDAD 139
RENACER 140
MÁS FUERTE QUE LA VENGANZA 142
INGRÁVIDO AMOR 143

VÍCTOR MARTÍNEZ A.I.A

BIOGRAFÍA 145
BREVES ANTECEDENTES Y CONCLUSIONES
DE APRECIACIONES EN LOS CAMPOS DE LA FILOSOFÍA Y
LA METAFÍSICA 147
COMO COMPRENDO AHORA 148
CONCLUSION DE CÓMO COMPRENDO AHORA 150
HOMBRE DIVINIZADO 153
INTUICIÓN 153
RELATIVO A LA ENDOCRINOLOGÍA 154

ROTURA DE TUBERÍA PARA AGUA	155
GENÉTICA CUÁNTICA	156
ENSAYO DE CÓMO EN EL ALMA PUDIERA OPERAR	157

YENILEN A. MOLA

BIOGRAFÍA	161
ANTOJOS	163
EL AMOR MUERE EN PAZ	164
TODO SABIA	166
"YO, CONMIGO"	167

ORESTES A. PÉREZ

BIOGRAFÍA	169
EN PRIMERA PERSONAVERSOS DE AMOR	
MI VERSO	171
EL ACIDO RESPIRO DE LA TIERRA	172
AMOR CIEGO	173
REGRESA A MI	174
VERSOS DE AMOR	175
ABORDAJE	176
ASÍ TE AMO	177
QUÉDATE	178
NO IMPORTA	179
PARA TI	180
INOLVIDABLE	181

ORLANDO PÉREZ

BIOGRAFÍA	183
UNA HISTORIA DE AMOR	
«EL REENCUENTRO»	185
EL ESLABÓN PERDIDO	186
LA ILUSIÓN	187
FALSO AMOR, UNA TRAGEDIA	188
VOLVER A VIVIR	189
EL EMIGRANTE	190

HISTORIA DE UNA VIDA DISOLUTA 193
MUJERES VESTIDAS DE BLANCO 195
EL ASTRAL 196
SOLILOQUIO DE UN ESPÍRITU DESENCARNADO 197

IRMA V. PÉREZ

BIOGRAFÍA 199
UN DÍA ACIAGO 201
MI CIUDAD 206
MI ÁNGEL 207
ARBOLEDA 208
NO TE OLVIDES 209
NOS LLEVA LA VIDA 210
¿QUÉ ES DOLOR? 212

ELIZABETH PONCE

BIOGRAFÍA 215
SEÑORA 217
VOY A CASA 218
REINA ¿DE QUÉ? 220
SÓLO NEGRO 221
FINAL 222
BALSEROS 223
LLAMAS GEMELAS 224
NUNCA 226

REINA NUBIA REMÓN

BIOGRAFÍA 229
EL AMOR 230
EL SILENCIO 231
EL SUEÑO 232
LA FUERZA DEL AMOR 233
TRES PALABRAS 234
TODO ESTA AQUÍ 235
LA HERIDA 236

DE LEJOS...237
DE QUE VALE DECIR 238
LEJOS DE TI...239
LA LLUVIA 240
EL FLAMBOYÁN 240
TU PALABRA...241
DESCÚBREME...241
DECIR VERDAD 242
CORRÍ 243
EL ADIÓS DE LEJOS 244
LA MENSAJERA..245

JUANA RIPPES

BIOGRAFÍA 247
EL DÍA QUE MI NIETO APRENDIÓ A PESCAR 249
CON LOS POETAS, NO SE JUEGA!................................... 251
ADIÓS, MI LINDA TITA COCÓ 252
CHISPAS QUE SIGUEN INSPIRANDO............................. 253
HABÍA UNA VEZ UNA ISLA 254
"DOCTO, DEME UNA NOCHE" 255
¿SERÁ MASOQUISTA?... 256
NATURA 258
HECHICERA 259
¡AZUCAR! 260
CONFESIÓN.. 261

LUIS RENÉ SERRANO GALÁN

BIOGRAFÍA 263
REFLEXIÓN.. 264
! ESTABA VIVO!... 265
 POEMA AL PINTOR CUBANO ROBERTO DIAGO 271
RECUERDOS DE SAN FERNANDO 272
A MERCEDES «NAVARRO» MURCIANO
EN MEMORIA 274
POEMA A LA CANTANTE Y ACTRIZ CUBANA
MARLEM GARCÍA...275

ONELIA SUAREZ

BIOGRAFÍA..277
DEJAR LA TIERRA 279
CUBANA..280
EXILIADA..281
DEUDA..282
¿QUÉ PASA CON LA HUMANIDAD?...................283
EL ALMA..284
DESAHOGO..285
MI PUEBLO..286
VUELO..287
DAMAS DE BLANCO..288
¡CLARO QUE SÍ!..289
LIBRE..290
QUE TONTERÍA...291

AIDA R. TINOCO -ART

BIOGRAFÍA...293
RECUERDOS...295
I MISS YOU..296
ENAMORADA..297
REFLEJO...298
LAS GOLONDRINAS...300
MIS DOS AMORES..301
EL PÁJARO...302
NAVEGA...303
LEJANO O CERCA...304
LA NOCHE..305
UN AMANECER...306

Un Horizonte Literario..

NOTA ESPECIAL

Como representante de D´har Services, la casa editora, deseo expresar algunas observaciones sobre esta obra literaria. Consideramos que servirá para abrir las puertas a otros nuevos escritores que deseen incursionar en el maravilloso y fascinante mundo de las letras.

Un Horizonte Literario fue para nosotros una experiencia y un desafío, que nos obligó a crecer y romper con esquemas y barreras intelectuales. Se realizó una ardua labor de conjunto.

Los 19 autores que participamos en la misma, hemos puesto de manifiesto nuestra versatilidad que va más allá de lo imaginado. Algunos de los autores con experiencia, que cuentan con varias publicaciones en su haber, brindaron su apoyo incondicional a estos nobles y nuevos escritores que lucharon por dar lo mejor de sí. La frescura y el dinamismo que pusieron en los diferentes temas se ven reflejados en cada uno de los escritos y poemas.

No se puede comparar con otras publicaciones similares, en esta obra, podemos encontrar lo romántico, lo irreverente, hasta los cuentos y anécdotas sobre historias verídicas, y otras narraciones que se entremezclan con la fantasía y la ficción.

Están expuestos en un lenguaje sensible, matizado por la riqueza de la lengua castellana e influenciada por las expresiones costumbristas traídas desde los países de origen de cada uno de los integrantes; el sentido figurado, las metáforas, la prosa y la sencillez se mezclan para dejar una puerta abierta a la imaginación, donde el cielo no tiene límite.

Edilma Ángel
Director Ejecutivo

Pd: Este trabajo, originó la puesta en marcha del Club Virtual de Escritores y Poetas **"D'Autor Club"**. info@dharservices.com
www.dharservices.com

Un Horizonte Literario..

PRÓLOGO

En el mes de enero del año 2007, tuve la feliz idea de crear el "Club de Literatura", donde, además de comentar libros de nuestras diferentes culturas y gustos; compartimos poesías, cuentos y reflexiones que la inspiración nos hace crear.

Somos un grupo versátil, y extraordinario con un sinfín de potenciales, para provecho de la cultura, fue por eso que propuse al grupo exponer en una selección, el arte que brota de nuestra pluma y sentimiento, para disfrutarlo y compartirlo con amigos y familiares.

Doy especial gracias a todos los autores que ya han publicado y que además de participar en este libro, asisten al Club de Literatura y nos brindan su apoyo.

Cuando pasen los años tendremos el recuerdo del crecimiento, tanto del Club como de los autores en cultura y sobre todo unidos en el amor.

Gracias y felicidades a todos, que el Señor nos bendiga y mantenga unidos como hasta ahora, en energía, armonía y paz para que todo ello reine en el grupo y rebose en calidad humana.

Con entusiasmo y alegría hemos acogido este retoño, ahora convertido en magnífica obra, la cual presentamos a ustedes.

Francisca Argüelles
Directora del Club de Literatura

FRANCISCA ARGÜELLES

Nací en Cuba, Ciudad de La Habana. Graduada en mi país de CONTADOR – PLANIFICADOR, en el Instituto de Administración y Comercio de La Habana y cursé estudios de MARKETING en el "Club Juvenil de la Víbora". Participé en el "Curso de Poesía" en la ciudad de Miami, dictado por el profesor Orestes Pérez.

Desde que tengo uso de razón leo cuanto libro o revista se me facilite. Mi afición por la lectura es genética, lo que me llevó a participar en reuniones y Peñas Literarias en Cuba. Llegué a Estados Unidos, buscando libros, y conocí la Biblioteca J.F. Kennedy en Hialeah, donde asistí a las reuniones Literarias en "Gentes y Cuentos", dirigido por la periodista María Jesús Casado.

Soy la fundadora y directora del grupo "Club de Literatura". Resido actualmente en la Florida.

Me caracterizo entre mis amigos y familiares por tener buena memoria, la que me ha llevado a estudios autodidácticos de Gramática, logrando ayudar a otros escritores en la revisión de sus obras.

También asisto a las Tertulias Literarias de la escritora Xiomara Pagés, a la "Sociedad De Poetas y Escritores", dirigido por la escritora Azálea Carrillo y al "Club Atenea", dirigido por el escritor Orestes Pérez. Participé en: Antología Poesías 2009 del VII Concurso Internacional de Poesías LINCOLN-MARTÍ.

Mis hijas me llaman cariñosamente: "La polilla", porque siempre ando entre libros".

fancarguelles1948@yahoo.es

Eclesiastés 11.1 "Echa tu pan al agua; después de algún tiempo lo encontrarás".

A mi familia, que amo.
A los amigos que me ayudaron a construir el castillo de la resistencia.
Y en especial a mi madre, que vela, desde donde esté.

© 2010, Francisca Argüelles
Derechos reservados

UN AMOR DISTINTO

¡VIOLETA! dijo Pepe Grillo ¿De qué estás hecha? Asustada miró a todos lados buscando el melodioso susurro. Era la segunda vez que escuchaba esa vocecita, pero la sorprendió el tono imperante. No queriendo llamar la atención en la calle Amargura por donde transitaban tantos niños alegres, siguió su camino volteando la cabeza a uno y otro lado pensando ¿quién soy? Su cara muy bonita y su andar majestuoso decía en cada paso *aquí voy* se hacía notar y un mozalbete le propinó el piropo de rigor "si cocinas como caminas me como hasta la raspita". Violeta apresuro' el paso pero alcanzó escuchar al señor que acompañaba al joven, "esa combinación de chino con mulato da cubanas tridimensionales".

Llegó a la esquina, recordó la pregunta de Pepe Grillo y sonrió al darse cuenta que estaba respondida en parte por los que la piropearon, pero no la parte espiritual. Dobló hacia la izquierda buscando la casa de su amiga sin dejar de pensar en la posibilidad de que alguien además de Pepe Grillo «personaje de su cuento preferido, que la impresionó en su infancia», penetrara sus sentimientos y pudiera decirle-¡tremendita la niña!

Reaccionó, retrocediendo unos pasos, subió cuatro escalones que se alzaban en la acera para terminar en una puerta oscura pero majestuosa con aldaba dorada. Estaba delante de la puerta de la amiga que la escucharía y que la reprobaría pero necesitaba desahogarse y después necesitaba más aún que Ana María siguiera siendo su amiga.

-Oyeee…dijo Pepe Grillo…toca, si quieres que te abra-. Y Violeta sonrió al escucharse contestando- si gracias-. Miró a su alrededor, sintió alivio, no la escuchaban hablar sola, bueno, no del todo sola, ¿Y…Pepe Grillo? La sonrisa de Violeta se cuajó, ¿se estaría volviendo loca? Lógico pensamiento, ya aceptaba a su "ángel Grillo".

Sabía que Ana María no la esperaba, acostumbraba recibirla los fines de semana pero hoy miércoles, era necesaria esta visita, no podía

más, se sentía mal. Para tener un poco de tranquilidad tenía que alterar la paz de aquellos que bien la querían e iba a comenzar por aquí, después Nidia.
La carita de Madia asomada a la ventana la sacó de sus cavilaciones y escuchó a la niña gritar al tiempo que abría la puerta ¡mami, aquí está la china! Dejó de fregar Ana María y salió al encuentro de su hija que abrazada a Violeta reía. Se besaron ambas mujeres y caminaron juntas hasta que la pregunta esperada se escuchó- ¿Hoy por aquí? Debe ser importante para que vengas a la salida del trabajo. Seguro que Efrén te escribió. No te equivocas Anamari, dijo Violeta casi en un susurro chiqueándole el nombre como era su costumbre. Entonces vamos a la cocina y mientras hago un cafecito me cuentas, si Pupi deja de lamerte los pies y Madia de besarte.

Los ladridos del perro jugando con la niña no las dejaban conversar y la cara de Violeta le hacía honor a su nombre ya que no sabía cómo comenzar a desintoxicar su alma pero la voz de Pepe Grillo salió como un grito sordo ¡Dile a lo que viniste!
Ana María mirando su turbación que confunde con tristeza le pide que cuente como le va a Efrén en México y la alienta a que hable. Ya no puede más Violeta, y le dice que viene a hablarle de algo que no sabe cómo empezar.
-Por el final y rápido que intuyo problema. Vamos Violeta ¿le pasó algo a Efrén?-
-No, él está bien de salud y todo en México ha resultado mejor de lo que esperaba. Acabo de recibir una visa que él gestionó no sé cómo tan rápido y me dice que está reuniendo el dinero para mi pasaje y…
-Entonces ¿Qué te preocupa?
-Es que no me quiero ir, contestó Violeta con vergüenza no fingida.
Ana María se tapó la cara con sus manos, las que fue llevando hacía sus sienes que apretó para que la cabeza no estallara y con asombro preguntó ¿por qué? si hasta se casaron antes de que él se marchara, si desde que se fue no has hecho más que extrañarlo y te has volcado de lleno a tu trabajo para no pensar.
De pronto Pepe Grillo gritó desesperado ¡Cuéntale! Dile que te has enamorado de otro hombre, que llevan tres meses saliendo a escondidas para disfrutar de "un amor distinto" al de Efrén y que éste te gusta más. Sin darse cuenta Violeta repetía estas palabras con serenidad porque iba sintiendo que el pecho recobraba el derecho a

respirar sin dejar de mirar la cara de Anamari, a la que de pronto se le achicaban los ojos como diciendo:
-no puedo creerlo- o los abría desmesuradamente ante el anuncio de una infidelidad no esperada y contada fríamente.

A la mente de Ana María vino el recuerdo de su esposo Gastón que se encontraba en España, al que no veía hacía dos años y al que no vería hasta dentro de dos años más.

Sentiría mucho Gastón esta noticia pues Efrén era su mejor amigo desde la Secundaria Básica, el Pre, la Universidad y hasta hoy.

-¿Quién más lo sabe?-. Brotaron con tristeza, casi sin abrir la boca, las palabras de Anamari mientras vigilaba, mirando hacia la sala a su hija para que no escuchara.

-Mi mamá y ahora tu- contestó Violeta y agregó que su mamá estaba muy contenta porque Efrén le caía mal y ella no se iría del país. No puedo dejar a mi mamá, enfatizó bajando la cabeza. Buen teatro, resumió la oyente dolida.

Las preguntas de Anamari sobre "un amor distinto" saltaban más que ser pronunciadas y no eran hechas por el lujo de tener la primicia de la noticia. Quería saber cómo era posible que no se hubiera dado cuenta de la hipocresía de sus palabras, y no hubiese notado algo raro en la actitud de Violeta, pues hablaba de él y le llevaba las cartas que recibía dos veces al mes, donde más que letras parecían notas musicales cantándole al amor, pero Violeta sólo leía, el corazón no escuchaba.

-¿Dónde lo conociste?-
-En mi trabajo, por casualidad- «contestó la china» y sabes que sólo salgo con ustedes y a ver a mi abuela. Nunca lo había visto, me asusté porque casi tropezamos al salir del comedor, y embobada siguió contando que sus rostros quedaron muy cerca y quedó extasiada con el olor de su perfume, que es bien parecido, ¡mucho más joven que Efrén! Y que al día siguiente le regaló una flor con el pretexto de disculparse. Además conversaron sobre su trabajo en el Departamento de Contabilidad por sólo unos meses, y... al tercer día la invitó al cine; y así transcurrieron las citas hasta que ella escribió en su diario: "Me encanta que me beses, no sólo por el amor que das, sino por el olor que ofreces". Estaba perdidamente enamorada. Y ciega, dijo Pepe Grillo-.

- La farsa terminó Violeta, no es casualidad que te encontraras con ese... "un amor distinto", es causalidad, porque la vida, el destino, el Señor, quien sea, lo puso en tu camino como prueba, y sacaste cero en el examen, has demostrado que no amabas a Efrén si actuaste con tanta ligereza, engañaste a todos. ¿Cuándo se lo dirás a Efrén y a su familia?
-Hoy lo llamo en la noche, como acordamos la semana pasada y le diré que no puedo dejar a mi mamá sola, le daré excusas de que está enfermita. No sé, veré que hago.
Ana María la miró fijo y el dolor que sentía salió de golpe diciéndole, que con otra mentira quería salir de la situación y sigue actuando mal porque la mentira genera más mentiras y le hizo saber que ella le diría a Efrén la verdad en cuanto le hablara del tema o le escribiera.-Efrén es mi amigo, como un hermano para mi esposo, por él te conocí e hicimos esta amistad, además no se merece lo que has hecho. Por mi voz y expresiones conocería que algo le oculto o que miento, yo no me lo perdonaría nunca.

Violeta se apresuró a decir: -Eres mi amiga, no sabes cómo pensé para decírtelo...y esperaba esta actitud tuya, se que eres veraz y ahora más te admiro, pero no tengo valor para decirle a él......Ana María no la dejó continuar y espetó! Pero sí tuviste valor para engañarlo y no sólo a él, a su familia que visitas cada quince días desde que se marchó!
Un año solamente falta Efrén de tu vida, dijo suavizando el tono, no lo amabas tanto cuando has actuado así durante tres meses. Por lo menos comenzaste la mala noticia conmigo. Violeta bajó los ojos, abrió su bolso «maleta, como le decía porque cabía lo mucho y lo poco», y sacó un paquete de cartas y fotografías amarradas con una cinta rosada, lo puso sobre la mesa y le dijo: -son para ti, has con ellas lo que desees-. Se puso en pie para marcharse pero Anamari la sujetó por el brazo y dijo -despídete de la niña- Si, lo haré. Vendré a devolverte lo que me has ayudado a comprar para el viaje.
-No, es tuyo, no se lo di a la mujer de Efrén, sino a mi amiga. Cuando quieras conversar sobre tu... "un amor distinto", ven te escucharé, mi hija se alegrará de verte, necesita visitas para distraerse, sólo me tiene a mí, le falta su padre. Tú rechazando una visa y nosotras deseando las nuestras. Me falta el amor de mi vida, dijo Anamari con melancolía.

-¿Escucharás de mis amores con mi novio?- Extrañada puntualizó Violeta.
-No. Escucharé tus penas de amores-.
Violeta salió de la cocina seguida de Anamari, se despidió de la niña que le preguntó porqué se iba tan rápido; sin recibir respuesta sólo un beso vió a Violeta mirar fijo a su mamá y marcharse.
Desandando el camino Violeta recordó las palabras de Ana María "NO. ESCUCHARÉ TUS PENAS DE AMORES", tuvo un sobresalto, sabía que su amiga 14 años mayor que ella siempre la aconsejaba, le hablaba de los 18 años que Efrén le llevaba, que él tenía hijos, ella no y que le decía "más sabe el diablo por viejo que por diablo".
Lo que Violeta desconocía era que con estas mismas palabras, Anamari y Gastón aconsejaban a Efrén, y éste respondía, "el amor no tiene edad".

....

Sólo pasaron tres días de la visita de Violeta y Anamari recibió una llamada de Efrén, que la tensionó. El saludo de él sonó triste y le suplicó -Dime por favor que pasa con Violeta, no me trago el cuento de no dejar sola a la madre, qué sabes, habla, instó.-
Sin remilgos Ana María contó, breve pero con los detalles importantes ella tiene otro hombre, me lo dijo por la tarde el día que te llamó. Espera carta mía, lo que quieres saber ya lo dije, esta llamada cuesta mucho. Quiero que pienses con calma y que tu espíritu de lucha siga, recuerda que tu meta es llegar a USA donde están tus hijos. Efrén, ¿me escuchas? El se había quedado mudo pero logró articular palabras y murmuró -mi mamá tuvo razón al decirme, "no dejes a tu esposa por la china"-.

Bien Efrén, la carta va con una amistad que viaja la semana que viene, le daré tu número telefónico para que te contacte y lo ambientes en el lugar. Se llama Orlando, es muy joven, nunca se ha separado de sus padres, así que tienes tarea, la mejor que existe, ayudar. Dios te bendiga, un beso mi amigo. Del otro lado casi no se escuchó, pero dijo: para ti también, espero ansioso tu carta. -Lo sé - dijo ella colgando el auricular.
Sin quitar la vista del teléfono, Anamari se sentía aliviada de soltar todo aquello, pero le daba una nueva preocupación, la reacción de Efrén. Por eso sabía que comunicarse con Gastón era su siguiente

paso, él conocía a Efrén y podía hablarle de hombre a hombre, como amigo, como hermano.

Leería con ansiedad las cartas que Violeta dejó, ya conocidas, disfrutarlas y poder ver la letra de su amigo. Abrió el primer sobre y leyó: "Amor, no sabes cuantos deseos de verte...pasear...", Anamari saltaba renglones, y en la sexta carta... "conseguí otro trabajo en una gasolinera, donde lo mismo friego carros que..., pero tengo un catre y duermo en el cuartico donde se cogen ponches, así no pago hotel y reúno más rápido el dinero para que estemos juntos y....también necesito hablar contigo y cuesta.

Por la mañana me levanto antes que lleguen los poncheros y voy caminando hasta las oficinas que limpio «antes de las 9am. debo terminar la limpieza» y ahorro ese dinero del pasaje, total no es tan lejos y me sirve de ejercicio matutino. Y lo más importante, puedes estar pronto aquí. Y al mediodía, ya sabes, repasarles las clases y las tareas a los niños del jefe de una de las oficinas que limpio. Buena gente este Pancho.

Ana María dejó de leer y pensó: "Efrén trabaja en tres lugares diferentes, haciendo distintas cosas, se alimenta mal y duerme en un catre....ahorrando sus kilos y ahora esto".

Y se consoló porque sabía que ese dinero lo haría llegar a reunirse con sus hijos del primer matrimonio que dejó por la china, pero que dejaría por cualquier otra porque ya no funcionaba.

....

Y... Pepe Grillo habló con desespero, sin susurros, diciéndole que ese hombre, "un amor distinto", como lo llamaba ella, no la amaba como Efrén, sólo deseaba su belleza, y la ha cegado hasta el desenfreno. Violeta paró en seco su andar callejero al sentir un suave cosquilleo en su pecho que la alteraba por lo mal hecho. Y no quiso hacerle caso a la voz del sentimiento, reanudó sus pasos buscando su objetivo. Vio la Catedral de La Habana, majestuosa y decidió entrar para tranquilizarse y dar tiempo a la cita que él, su amor del momento «si... Pepito, pensó, aunque lo dudes es "un amor distinto"», le había dado muy cerca de ahí. Ella había faltado a su trabajo, diciendo que tenía turno con el médico, actitud inusual en sus costumbres, pero su Fernán le había llamado por teléfono el día anterior y muy claro le dijo que "tenía que verla temprano", no a la salida del trabajo.

Se sentó cerca de la puerta, respiraba paz y sus pensamientos formaron cascadas de sucesos buenos, que pronto vería realizados, como formalizar las relaciones, dormir juntos todas las noches, pues ya llevaban ocho meses saliendo y estaban muy enamorados. No quería escuchar a Pepe Grillo, no había desenfreno, era sólo amor, "él la complacía en todo, le agradaba a su mama"…Miró el reloj, se puso en pie y Pepe Grillo le dijo: -cálmate, que no te vea ansiosa, deja que espere.

....

Los golpes en la puerta aunque suaves hicieron que Pupi saliera ladrando hacia la entrada de la casa y olfateara la rendija entre el piso y la puerta, dando lugar a un movimiento continuo de su plumoso rabo, señal que quien tocaba era de su agrado. Se asomó Ana María a la ventana, frunció el ceño y se dirigió a la puerta para darle paso a quien no veía hacía un año. Violeta entró muy despacio, contestó con un hola el saludo y siguió a la dueña de casa hasta la cocina, quien le decía siempre que venía bien un buchito de café, pero Pupi no la dejaba avanzar saltándole encima y reclamando sus caricias.

-La niña está en la escuela ¿verdad?
-Sí, estamos solas, como querías.
-¿Cómo sabes?
-La hora y tu cara.
-Tienes razón, pero primero déjame saber de Gastón.
-Esta' bien, muy contento porque nos veremos antes de los cuatro años que creíamos demoraría nuestra salida hacia España y sin que preguntes te digo que sabe lo tuyo, sí, porque él y Efrén conversaron, sabes que las llamadas de Madrid a México no son caras y está disgustado como es de suponer, pero dice el dicho que "a rey muerto, rey puesto", es ley de la vida y Efrén encontrará con quien secar sus lágrimas. Y dime tu, qué te trae por acá, ganas de vernos no será porque sabes que a esta hora la niña no está.
-Dudé mucho en venir, dijo Violeta, pero Pepe Grillo, digo mi conciencia, me alentó a que lo hiciera y aquí estoy. ¿Me escucharás? Anamari hizo un sí con la cabeza, le dio agua a su visita, como siempre antes del café y se dispuso a escucharla. Violeta tomó el agua no por costumbre sino porque su garganta estaba apretada, no así sus ropas que decían las libras que había bajado. Quiso comenzar

Violeta a decir tantas cosas, pero no sabía cómo empezar y escuchó un eco:
-Por el final acabas más rápido -Dijo Pepe Grillo, repitiendo palabras de Anamari.
-Bien, el señor, dijo con tristeza, "un amor distinto "como lo llamas, y me alivio al no pronunciar su nombre que...
...Violeta tartamudeó. Anamari conocedora de su rostro, su mirada y lo que traía dentro le dijo: -Ya se, vienes a contar "tus penas" como te anuncié. Y agregó -Te dejó
-Sí, me dejó, pero hay más, también se marcha del país, y no me invitó a que lo esperara, ni prometió que nos reuniríamos porque...-Porque "amor con amor se paga"- siguió Anamari la frase y saboreó su café. Violeta asintió con la cabeza, apretó los labios y cerró fuerte los ojos, convirtió su rostro en una mueca, y vinieron a su mente las palabras de Fernán aquella mañana de cita en La Habana Vieja, que vieja y muda la dejaron de pronto y se le calló el alma cuando escuchó
-"Me voy del país con mi esposa y mi hija".
Ese final no lo esperaba ninguna de las dos. ¡Su esposa y su hija! Sonaban como un eco para Anamari que ahora se sorprendía, mientras Violeta esperaba la explosión de su amiga, pero Anamari sólo pensó:
¡En verdad era "Un Amor Distinto"!

F I N

ÉL, OTROS y YO

Hola, me dijo y se quedó contrito mirando su reflejo en el espejo. Miré su figura, y pensé cuánta sabiduría acumulaba. Imposible imaginar que en ese cuerpo se escondía un verdadero tesoro. Lleno de dignidad y muy humilde se quejó de mi abandono, de los días que mis manos no lo tocaban, que mis ojos no acariciaban su blanca pureza en juego con sus rizos negros y un azul brillante en su cara.
Sin deseos de ofenderlo le dije que desde siempre sabía que mi amor no era sólo para él, que según mis posibilidades disfrutaba toda su entrega, tanto o más que a los demás, que no podía estar conmigo todo el tiempo y que mis deseos podía compartirlos según mis momentos... De pronto sentí un quejido lastimero y vi que su espalda sufría.-¿Te golpeaste? Pregunté: ¿Cuándo? Contéstame por favor. !Oh tonto¡ ¿Por qué no me avisaste? estabas con el otro, me dijo en tono de reproche. "El otro", como dices me acompañó al dentista.
-¿ Por qué no pude ir contigo?- Porque eres muy grande y no...
- Shuú, ya sé, me lo has dicho otras veces, soy pesado. Lo que pasa es que te burlas y avergüenzas de salir conmigo y... !Cállate por favor, no rebuznes¡
- Eso también ya lo he escuchado. Pero... ¿Sabes? No soy burro.
- Se que estás muy lejos de serlo. Además te doy tu espacio.
- Si, sólo podemos vernos cuando estás tranquila, después que te pones crema y apagas las luces de toda la casa, menos la nuestra. Mientras el otro duerme.
-Fiú... -¿Por qué haces ese sonido? Porque recuerdo tu crema y el olorcito que me dejas impregnado en todito mi cuerpo y...
-Ya ves, eso sólo lo hago contigo, porque eres distinto a los demás, te toco y mis dedos resbalan al compás de tus palabras, y al contemplarte apaciguas mis días. Después de tenerte puedo dormir tranquila, me recuerdas tantas cosas lindas, momentos de amar hasta sentirme enamorada del amor, querer aprender más de ti y de los demás, sí, conocerlos bien, calmar la sed de saber. Pero por favor no te amilanes por lo que te digo, no sientas celos que eres y serás mi LIBRO preferido, aunque no quepas en la cartera.

FIN

SORPRESA

Una calurosa madrugada se despertó bruscamente Tula, asustada y rascándose sintió caminar por su cuerpo algo que le producía cosquillas. Estaba sola en su cuarto y su hijo menor en el suyo. Los hijos mayores ya casados vivían lejos.
Ella miró a todos sin moverse -todo está bien- pensó y se dispuso a reanudar su sueño, cambiando de posición, su cabeza para los pies de la cama. Calmada se entregó a los brazos de Morfeo. De pronto el cosquilleo comenzó, abrió los ojos desmesuradamente, buscó en su memoria si al acostarse había comido algo sentada en la cama como otras veces, porque de ser así, las hormigas podrían ser las causantes. Sólo recordó haber bebido agua para tomar su pastilla nocturna.
Esperó un rato, ya no sentía esa sensación nerviosa que la tenía desvelada y poniéndose guapa, con los ojos semiabiertos buscó en la penumbra de la habitación qué cosa inimaginable la recorría completa. Casi no respiraba, pero se dijo "de los cobardes no se ha escrito nada", tenía que averiguar, porque…no era una mano, era algo puntiagudo, parecía una uña.
Comenzó a temblar de miedo y un pequeño ruido la hizo encogerse como un ovillo. Sintió sus pies fríos, quería gritar y no podía.
En su recorrido por el cuarto al mirar hacia la ventanita con barrotes, que estaba cerca de su cama y que siempre dejaba abierta en el verano, se quedó perpleja.
!Sorpresa! En la ventana había un hombre, lo delataba la luz del patio de la vecina. Tula dio un grito tan espantoso que despertó a su hijo Rini asustado, y cuando lo llamó por su nombre ya él estaba entrando al cuarto como un bólido. Ella no cesaba de gritar asomada a la ventana, su frase favorita.- ¡Dios mío, ayúdame!
-¡Qué pasa mima?!
-¡Qué haces…estabas soñando?! Gritó desesperado.
Y ella alteradísima gritaba tanto que casi no se le entendía y decía gesticulando:
-¡Un hombre en la ventana ! ¡Oye como corre por el pasillo!
Y comenzó a escucharse la algarabía de los vecinos que también se despertaron con el escándalo. ¡ Atajaaa! ¡Policía, atrápalo! -Tula vociferaba -¡Descarado, hacerle eso a una vieja!

Y la nieta de Tomasita se despertó por los ladridos de Tribilín, el perro de la gallega que no era de Galicia, no importa, en Cuba todos los españoles son de por allá.

Por fin Tula se bajó de la cama, en la cual se había encaramado, para poder mirar por donde se marchaba aquella visión espantosa.

Y cuando quiso contarle a su hijo lo sucedido, ya éste corría por la casa buscando la puerta de la calle, cuando se oyó un quejido que venía de... del patio, si, pero del patio, de ¿quién?

El maleante había tropezado con el gallinero del vecino santero que criaba gallinas prietas para los despojos, quien al escuchar a su vecina favorita «porque ella le daba las sobras de la comida para sus animalitos», salió y le lanzó al huidizo "mirón", que ya estaba todo embarrado de porquería de gallina prieta, un cubo de agua sucia.

Cuando Rini pasó por la cocina-comedor, que saliendo de la casa estaba a la derecha, vio sobre la mesa un machacador de ajo, con la forma de un bate de pelota, lo tomó a manera de arma defensiva o de combate y siguió para darle alcance al susodicho.

En la acera no le fue difícil ver al hombre, que aunque oscura la noche, el farol de la esquina alumbraba y además Tribilín que corría a su lado por la parte de adentro de la cerca, ayudaba, como si se lo fuera a comer, cosa que no podía suceder porque el animalito tenía tres varas de hambre, estaba esquelético, ya que la gallega era muy tacaña, pero el vecindario que ahora gritaba ¡Cógelo Tribilín¡ Le daba su comidita.

Sólo veinte metros separaban a Rini del "descarado" como lo apodaron más tarde y se dispuso a darle alcance, porque corría como un venado, desde chiquito Tula le decía "piernas largas".

Aguantándose el calzoncillo con la mano izquierda, esa era su ropa de dormir en verano, y en la derecha su instrumento de combate, corría por la calle principal del barrio, cuando escuchó risas y que le decían:

-¡ Oye, agárratelo bien!

Se dio cuenta que un ómnibus se había detenido, los pasajeros, escasos por suerte a esa hora, estaban muy divertidos, y se unieron a la gritería que asustó al "mirón furtivo". Y "piernas largas" sintiendo pena por su desnudez, sujeto' más su única prenda de vestir.

Luces del transporte público lo iluminaban y por mirar a la guagua, perdió tiempo y además metió el pie en uno de los muchos huecos

que adornan las calles y aceras de mi tierra querida, pero se levantó veloz, olvidó el calzoncillo y acompañado de los vítores !Arriba, dale, corre que lo alcanzas! Y la ayuda de un vecino que desde su portal le tiró una banqueta al malhechor, que al esquivarla perdió el control, y Rini se le acercaba más, cuando el "descarado" llegó a la esquina donde podía perderse entre los matorrales que tenía a su derecha, por lo que no titubeó, le lanzó el machacador dándole en la cabeza. Se escuchó un !Ayyy! y corrió hasta perderse.
!Le diste, le diste! Aplauso daban en el ómnibus, incluyendo al chofer.
Rini se acercó al lugar donde cayó el machacador, lo recogió y regresó corriendo. La pobre Tula lo esperaba en la puerta y tomándolo de la mano lo llevó al cuarto, le mostró un alambre largo que estaba sobre la cama y se lo dio.
-Para qué me das esto? -Dijo el valiente perseguidor.
-Para que veas con qué me tocaba ese enfermo mental. Y sin dejar de hablar se reía mirándole el calzoncillo. Le explicó que ese alambre lo usaba Yasmín para tender la ropa lavada.
Rini frunció el ceño pensando qué tenía que ver el alambre y…pero Tula aclaró:
-Sí, la muchacha que tiende pañales porque tiene dos niños y dos niñas, que se llevan entre sí sólo un año y medio. Toda una curielita.
-Mami, deja la historia, quiero acostarme, por favor.
-Bueno hijo, cuéntame qué pasó en la esquina, oí el alboroto en la guagua, dime.
El contó su persecución, los aplausos de los pasajeros cuando golpeó con el machacador al del alambrito, pero la madre lo interrumpió:
-Dónde está el machacador hijo?
Rini había mantenido las manos detrás de su espalda durante el relato de la persecución.
-Aquí mami- Y le mostró su mano derecha, con el placer del deber cumplido reflejado en el rostro y una sonrisa de lado a lado.
Pero para sorpresa de los dos, sólo apareció un pepino, grande y grueso, verde oscuro que Tula compró en el agro mercado el día anterior, por el cual regateó su precio, ya que estaba tan verde que quizás no madurara.
-Y el machacador? Preguntan todos.
BIEN, GRACIAS. Tranquilo en la cocina, escuchando la conversación.

SOBRESALTO AL AMANECER

Nos despertaron gritos que se escuchaban cerca, palabras desesperadas se repetían una y otra vez. Asustados nos levantamos todos en casa y mi mamá dijo -tranquilos, no salgan-. Ya calmado, mis hermanos, mi madre y yo, prestamos atención y entendimos lo que pasaba.

Detrás de la casa había cinco apartamentos que su entrada principal daba a la calle opuesta y del apartamento más cercano provenía una voz muy joven, de la fémina que gritaba: -¡Levántate Felicia que tu hija se muere! Sé que estás ahí. -Soy Andrea -Y repetía lo mismo sin cesar. No cabía duda que la persona estaba atormentada. Nos mirábamos todos sin dar crédito a lo que nunca había sucedido en el barrio; un escándalo y mucho menos amaneciendo. Pero Felicia no salió. Es lo que imaginamos porque a continuación la voz dijo como en un lamento, con mucha alteración –Me voy, allá te esperamos-.

Después de esto, silencio total. Y mamá sugirió que nos acostáramos, era muy temprano y aún podíamos dormir un poco más para ir a la escuela descansados, ya que nos habíamos asustados por lo inusual del caso, la interrupción abrupta del sueño y papá no estaba, porque tenía el turno de noche en el hospital donde trabajaba de enfermero.

....

Llegué a la escuela temprano como de costumbre, pues papá nos levantaba con un beso cuando llegaba del trabajo y se encargaba de preparar para la escuela a mis dos hermanos menores, mientras yo tendía mi cama y mamá preparaba desayuno para todos en familia. Café con leche y pan con mantequilla.

Me llamó la atención no ver a mi amiga Adela que siempre llegaba antes que yo.

Pero esta vez ella entró al aula justo a tiempo.

Y la hora del recreo, esperada por todos llegó, alegrándonos el sol radiante, que para mi brillaba más que otros días. Hora de merienda compartida con las amigas y entre ellas Adela que nos sorprendió a todas contando lo que pasó al lado de su casa «lugar de donde provenían los gritos que escuchamos en la mía».

Sentadas en el piso, alrededor de Adela, ésta detalló con mucha claridad que su mamá salió de la casa cuando escuchó decir a la que gritaba que se marchaba y al verla se asombró del parecido con Felicia, su vecina. Adela salió también con su mamá pues se asustó más que yo, ya que vivía al lado de dicha señora. La muchacha de unos quince años, alta rubia y de ojos azules, era muy delgada y se sintió interpelada por Rosa «así se llama la mamá de Adela» -¿quién se muere? –Mi hermana de 10 años, señora- contestó- y pide ver a mi mamá.
- ¿Quiere decir que tú también eres hija de Felicia?
-Sí, soy la mayor.
-¿Y con quién viven ustedes?
-Con mi papá -Contestó la chica.
-¿Y dónde vives? Siguió preguntando Rosa y contando Adela como si fuera una película de las que veían y parecía que la estábamos mirando.
-Bueno, los tres vivimos en una guagua «ómnibus», sacada del transporte público que tiene su lugar fijo en un parque de la compañía a que pertenece, para carros inservibles, de los que aprovechan sus piezas para repuesto.
-¿Cómo?-dijo Rosa y pronta sostuvo a la chica que se tambaleó con muestras de fatiga y la fue llevando hacia su apartamento, la sentó en el sofá «ayudada por Adela, que gesticulaba como si lo estuviera haciendo», y le trajo un algodón con alcohol, dejando que lo oliera, mientras Rosa le traía un vaso de agua y le decía que se quedara para que tomara un café con leche.
Hizo un alto Adela en su historia, respiró dándose importancia y continuó refiriéndose a la muchacha, - "ojos bellos" dijo que el día anterior no había comido-. Ni que decirlo, se notaba, y a sorbitos y conversando se tomó dos tazas de café con leche, que le dieron el impulso para narrar lo siguiente: Felicia tuvo cuatro hijos con su propio padre, después que falleció su madre, dos fallecieron, quedando Andrea y la que está en el hospital muriendo, que pide en su delirio ver a su mamá.
Casi sin entender lo que decía Adela, el grupo de amiguitas nos explicábamos una a otra, algo que en nuestra corta edad creíamos mentira. Pero Adela explicaba lo que su mamá le tuvo que explicar a ella, con sólo 10 años, los mismos que tenía la niña enfermita y algunas de nosotras también.

Así que Felicia era madre y hermana de Andrea. Y el papá de Andrea era a su vez el abuelo y aunque nos explicaran no entendíamos esa familia.

Este hecho contado por una de sus víctimas, dejó con la boca abierta a Rosa y a Adela.

Ahora el relato nos dejaba a todas también asombradas y dolidas porque Adela tenía espanto al contarlo. No sabíamos que decir, atónitas nos quedamos por lo descabellado de este episodio de la vida, que nos parecía un cuento de brujas. Niñas sin un núcleo familiar correcto, sin casa, sin juguetes, porque ellas eran el juguete de la vida.

El timbre sonó anunciando el fin del recreo. Di gracias a Dios al incorporarnos a clases y resultaron de alivio a nuestros pensamientos, y terminadas éstas, ya nuestras madres esperaban a la puerta de la escuela. De regreso a nuestras respectivas casas las oímos conversar sobre lo sucedido, ya que Rosa le había informado a mi mama', los porqué y los por cuanto de lo acontecido.

Lo que Adela no sabía y se enteró al igual que yo en el regreso a casa, era que "ojos bellos" «iguales a los de Felicia», había logrado ver a su mamá, cuando ésta salía de su apartamento con su esposo y su niña de dos años, mulatica clara con ojos azules y el pelo rubio bastante rizado, lo que en Cuba llamamos "javá", el esposo mulato oscuro, y muy alto, que tenía fama de ser muy callado y recogido en su casa, por lo que Felicia sólo salía cuando él no estaba, regresando siempre antes que llegara.

Dijo Rosa alarmada que Felicia se sorprendió mucho al verla, pues pensaba que su hija-hermana se había marchado, e hizo el intento de regresar al apartamento, pero el esposo se lo impidió y la obligó a conversar con Andrea.

No supo Rosa qué hablaron y vio marcharse a la joven, diciéndole adiós, y a los demás por rumbo diferentes.

A los dos días Felicia se mudó sin dejar rastro, ni despedirse. Andrea nunca más volvió.

....

Una "vecina interesada" que fue al parqueo de "trastes" citado por Andrea, se encontró que el lugar estaba siendo desmantelado y rodeado de cintas que impedían el paso, así como personal de sanidad uniformado que colocaban banderas amarillas en señal de PELIGRO y todos con guantes y el tapa-boca correspondiente. La "vecina interesada" por saber de la familia que vivía dentro de la guagua, preguntó, y un empleado le dijo que se habían llevado a un señor mayor para el Hospital "Las Animas" donde ya estaba ingresada una niña, según le conto' una muchacha "de ojos muy bellos" que acompañaba al anciano llorando. Y que no sabía más…sólo que había muchas ratas.

F I N

MINICUENTO

El 27 del mes de las flores, comenzando la madrugada él llegó.
Mimoso y susurrando me llamó sin dejar de dar vueltas a mi alrededor para que le prestara toda mi atención, hasta que lo consiguió'. Fue entonces que comió, sacio' su apetito y daba las gracias sin decir palabra, como siempre.
Acarició mis piernas y correspondí tocando suavemente su espalda, sentí que se erizaba. Noté que había adelgazado desde la última vez que nos vimos. Su mirada fija hizo que me acercara más y quise acariciarlo otra vez. Le hice cosquillas deslizando mi mano desde el cuello hasta la espalda, cuando inesperadamente me mordió, sacando sangre de mi vida, dolor de mis entrañas y un escalofrió recorrió todo mi cuerpo.
Di un grito tan espantoso que se asustó. Huyó sin que le dijera !vete¡ Nunca más lo he visto. Sólo recuerdo sus ojos verdes y su andar majestuoso.
Hoy, al mes de su vampirezca acción, todos preguntan:
- Y el gato?
- No sé, respondo sin pesar. Parece que no le gustó mi sangre.

F I N

A ELLA
«A mi madre»

La vi y sentí deseos de darle un beso
era una flor que encandilaba
con sus colores y alegría
por la luz que me daba
No me miró, yo lo deseaba
me visitó en la distancia
y yo le decía: ven...sólo un momento
te necesito como la vida persigue el agua
como los niños sus juguetes
como la arena su playa
Quien pudiera darle un beso
de despedida y abrazarla
porque aquel día en que partí
yo la besé con los labios y con ansia
Sin pensar que no vería más
el amor de su mirada
Aunque sea en sueños
yo desearía acariciarla.

SÚPLICA

Isla sumergida por el llanto
esclava sin grilletes
resultas en la lejanía
un dolor que no supero
y me llena de quebranto.
Recuerdo
el perfume de tus flores
tu sol, guitarras, bongoes
y claves sonando.
Pienso
en tus playas hermosas
en las que dejé soñando
al que lucha día a día
por el pan de su sustento
sin fusil, pero con canto.
Patria nuestra
del Titán y de Martí
donde con gritos sordos
nuestros muertos dicen
!Di Señor, hasta cuando!
Porque los vivos no pueden
tienen el alma muerta
y se ahogan en el fango
que han dejado botas
de soldados mal pagados.
Esos que no aprenden
que la justicia divina
espera con Fe y certeza
que cumpla el tirano
con la maldad su contrato.
Preciosa Tierra
huelo amaneciendo
tu aroma de café
y tus palmas reinan
alzándose con mi canto.

Cuando veré tus calles
con mis nietos de la mano
por la Alameda del Prado
el Malecón y Galiano.
y allí amar y tener
como soñó el poeta
"Patria pero sin amo".

Señor, tú que nos amas
concédenos la Gracia
de realizar el empeño
y   ver a Cuba libre
sólo Tú, Señor
puedes decir cuando.
Mis plegarias a Ti elevo
como rosas primorosas
viajando
por un cielo azul celeste
sobre el llano tan hermoso
como esmeralda brillando.
Que clama y te suplica.
Señor… Di
!Hasta cuando!

ALMA MÍA

Sabrás de mí
dibujándome el alma.
Conocerás mis inquietudes
y cuanto te he querido.
Haz un esbozo
sabrás secretos
que llevo muy hondo
vestidos de tristeza
sin abrigo.
¡Dibújame el alma ¡
y mi sonrisa,
que será el marco
para la palabra.
Dibújame el alma
y el corazón
saltará de gozo
hasta dar su sabia.
Ponle colores
con pinceles
que lleven cabellos tuyos
mojados en lágrimas.
Al cariño, dorado
rojo a la pasión
que en el alma estalla.
Y al pecado,
sí, al pecado
que en ella se encuentre
ponle blanco
es lo más puro que tengo…
Hazlo sin prisa
tienes toda la vida
para disfrutar mi alma.

EN SILENCIO
« A mi esposo»

En silencio
Dime si no has sentido desvelo
en las noches frías
cuando has palpado tus sábanas
buscando mis caricias.

En silencio
dime que sientes cuando amanece
sin mi amor haciéndote vibrar.
Puedo adivinar eso y más,
porque tu carne es mi carne
tus pensamientos son míos
tu alma es mi alma
yo te la di.

Y en mi silencio
al quedarme sin ella
siento el vacío
el deseo ardiente
en esas noches frías
y amanecer sin ti.

Un Horizonte Literario..

EDILMA ÁNGEL

Es escritora, Psicoterapeuta Pránica, sanadora, y empresaria. Se desenvolvió en el ámbito del turismo con experiencia en el área de Marketing y Ventas, Planeamiento Turístico y Gerencial. Paralelamente brindó apoyo logístico en misión in situ al Instituto Interamericano de Derechos Humanos y la Inter American Foundation. Su gran pasión por la lectura desde temprana edad la ha llevado a profundizar en conocimientos en diferentes campos del saber. Ha incursionado en las llamadas medicinas no tradicionales como son: Pranic Healing, Advanced Pranic Healing, Pranic Psychotherapy, Kriyashakti, Magnified Healing, Esoteric, Reiki, TRE y La Sanacion del Cuerpo Azul. Participó en el curso "Cómo Escribir Novelas" en la ciudad de Miami, dictado por el profesor Orestes Pérez. Su amor por el arte lo plasmó en estudios de Decoración de Interiores, en la Universidad de Miami con especialidad en Feng Shui. Su trayectoria interdisciplinaria hace de ella un ser integral, vital y creativo, lo que le da una mayor visión en el campo empresarial, espiritual y de las artes. Su misión personal es ser una ola expansiva de ayuda, conocimiento, y estimulo espiritual. Su mayor motivación es servir al mejoramiento humano. Llevada por esta iniciativa ha escrito el libro MUJER DE LA SOMBRA A LA LUZ, libro motivacional de ayuda a la mujer y para el hombre, que anhele conocer más a la mujer. Fue publicado en el «2009» ahora se encuentra expuesto en varias bibliotecas del país y también se puede adquirir en **www.amazon.com** y **www.dharservices.com**. Actualmente es Director Ejecutivo de D'har Services – Editorial virtual de literatura.

info@dharservices.com y/o Edilma_angel@yahoo.com

A mí amado Dios.
A mi esposo que es un ejemplo de apoyo y ternura.
A mis hijos retoños de mi alma.
A mi familia en especial a mi Madre, hermanas y sobrinos,
a pesar de vivir en la distancia siempre están en mi corazón.
A mi bella Mariana, todavía no te conozco, pero un día… te podré
abrazar y colmar de besos.

© 2010, Edilma Ángel
Derechos reservados

BLANCA CECILIA

Blanca, bellísima inigualablemente única.
Luces sonrisas que terminan en sonoras carcajadas y
Aparece en tu semblante ese brillo tan especial que emanas
Nunca dejes de sonreír, es mi evocación; ella me acompaña en
Cada instante, tu imagen risueña está grabada en mi mente
Amada madre, eres y serás siempre la misma; esa es tu virtud

Calidez y ternura anida en tus palabras, es la cualidad divina de la
Esperanza y la aptitud condescendiente que otorgas a cada instante
Contienen un legado inolvidable, por eso eres la mensajera
Ideal, sabes elevar el ánimo de quien te escucha. Eres la propia
Luz en cualquier problema o encrucijada que suele presentarse
Impulsas con consejos sabios y serenos. Sabes guiar nuestros
Acongojados corazones, con la clave eterna del amor incondicional

Madre mía, ¡oh! Madre mía eres el sinónimo del amor
Orgullosa me siento de ti mamá
Yo te honro hoy, mañana y siempre, gracias mamita.
Amor de mis recuerdos y dulce añoranza
Nunca dejarás de ser un ejemplo a seguir, eres importante para mí
Oh… cuanto anhelo tenerte a mi lado, que Dios te bendiga.

¡Gracias mamá!

Nota: Es un acróstico del nombre de Blanca Cecilia Moyano.

EL NIÑO DE LOS VIENTOS

Ven quiero contarte
el por qué eres
lo más sublime para mí.
al nacer querías,
veloz como el viento
conquistar al mundo.
Empezaste,
con tu primera, gran batalla
a escasos segundos de nacido
te aferrabas a la vida.
Aspirabas el aire con presteza
Exigiéndole lo máximo
a tus débiles pulmones.

Pasaste ésta, tu primera prueba,
te atreviste; sin siquiera tener
siete meses de gestado.
Te convertirte en la energía misma.
En un santiamén, como ráfaga
de un impetuoso viento
tus juguetes esparcías por doquier
Era tal la mezcolanza
que ni se podía pasar.

Al llamar tu atención
me respondías con esa mirada
profunda y expresiva
amoldando mi corazón a tu sonrisa.
Eres cual brisa matutina,
eres, como el aire fresco,
que esparce el eco de tu voz
y el sonido de tu risa cristalina
por eso, te he llamado
"Mi niño de los vientos"
Te amo mi niño.

TÚ CUENTAS PARA MÍ

Las palabras son bálsamos
que curan un corazón;
estas mágicas palabras
van dedicadas a ti
"Te amo"
"Te extraño"
"Tú cuentas para mi"

Te quiero enunciar
lo maravilloso del amor
indivisible camino
que me lleva a ti
tu olor me llena, me turba...
evocó tu recuerdo.

Cuando te conocí, aquel momento...
Fue un intervalo, una alquimia
para aprender a amar todo de ti
fue saber y conocerte
¡Ya... lo sé!, Es único.

El amor es como
una brisa fresca en el camino
Pero... Tú eres más que la brisa
eres mi manantial
invítame a beber de él.
Yo te daré mi aroma
junto a nuevos sueños.
Ven... Pon tu ternura,
yo te entrego la mía.
Con alegría y amor incondicional

MARIANA

Tu mirada...
Inteligente, vivaz
tierna y amorosa
que destella profundamente
con visos dorados y resplandecientes
¡Oh! ensueños excelsos de mi ángel

Llegaste con ingenuidad
derribando rencores y ataduras
poniendo como sello
tu inocencia impoluta
¡Oh! maravilla de maravillas

Tus risas, cantos, juegos
y esas travesuras de chiquilla
hacen de ti
el ancla perfecta del amor,
la gracia y la serenidad

Gracias por calarnos con tu ternura
otorgando paz, alegría y deleite
a nuestras vidas
eres nuestra Mariana
del día, de la noche
y de siempre.

HIJA DEL ALMA

Niña del alma mía
parte fundamental
de mi ser
eres mi verdadera fortuna

Tu ánimo e integridad
tu responsabilidad, más la dedicación
en los estudios y quehaceres
hacen de ti un ser especial

Actitudes demostradas
desde temprana edad;
son dignas de admiración
eres en verdad
un ejemplo a seguir

Por cosas de la vida
me aleje de ti
respetando tus sueños
dejando a un lado el dolor
y el no poder compartir
muchas cosas contigo

Pero hoy, veo el resultado
ya eres profesional
y pronto iniciaras
una nueva etapa de tu vida
felicidades mi niña

Desde la lejanía
he podido ser un soporte
y una madre casi virtual.
Cuenta siempre, siempre conmigo
hija te amo.

MI SOL

Eres como el sol
que alumbra nuestras vidas
tu amor, tu apoyo
tus palabras sinceras
y amorosas

Hacen de ti
una bellísima mujer
plena y colmada de luz

Mi amadísima
sobrina
eres muy importante
para mí

Y sabes…
Tú has legado
la mayor felicidad
a toda la familia

Gracias, gracias
por dar vida
a nuestra niña.
Tu Marianita

LALALO

Suena a música la-la-lo
así te apodan cariñosamente.
Y precisamente
eso eres para mí
una melodía,
una canción,
una satisfacción sin fin

Y cuando se encuentran
mis ojos con los tuyos
es como verme
en un estanque
de agua cristalina

Emanas paz y dulzura
que provienen de tu interior.
Las sonrisas que me regalas
todas ellas, llenas de ternura.
Más los besos en mi frente,
hacen que toda mi alma
vibre de amor incondicional

Eres mi hijo amado
y te deseo parabienes
te mereces lo mejor, de lo mejor
desde el fondo de mi corazón
le pido a la vida
que te depare
lo mayor felicidad.

MI TRIÁNGULO PERFECTO

Ellas son muy singulares
hacen un triángulo perfecto
una es alegre e irreverente.
La extraño tanto ... «la tía yoye»
Tiene cada apunte y cada cosa...
Que hacen de su compañía
momentos alegres e inolvidables
entre trabajo, risas y apodos
transcurre su vida
haciéndonos reír a carcajadas

La intelectual
Es sin duda
un dechado de virtudes
con su andar sereno
es como un yunque seguro
que sustenta a la familia
sabe dar apoyo incondicional y
tiene la respuesta precisa.
Su gran corazón rebosante de amor
hacen de ella
un ser sin igual, eres mi orgullo.

La pequeña
está creciendo
pero para mí, sigue siendo la pequeña
aunque ya pase de los 40...
siempre ha sido una ayuda
íntima y necesaria
para quien requiera de ella
es parte fundamental y soporte
espiritual de todos y todas
eres muy especial
siéntete muy amada.

AMIGA

Has entrado
con cálida ternura
inundando como río
salido de su cause
calando profundamente
la vida de de todos y tantos
con tu legado
de amor
y dar incondicional

A lo largo de estos años
hemos vivido
tristezas y alegrías
unido
sueños e ilusiones
que con profunda
fe y anhelo
aquí estamos esperando
ese futuro llegar

Sigue, sigue
que esta historia contará
que en el firmamento
una estrella esta brillando
y seguirá brillando por ti

A LOS MÍOS

Que les puedo decir.
¿Que son una parte de mi?
Pues sí... así es
y narrarles los que significan para mí
con tanto dechado de virtudes
es en verdad una gran tarea.
Les presento mi legado de amor

Angelita: Tu dulzura y pureza son especiales te vez tan frágil mi niña, pero en ti, hay mucha fuerza y esa está en tu interior, mi niña amada.
Rommy: Mi soñadora muñequita eres muy responsable, siempre enfrentando a la vida eres un ejemplo mi cielo.
Wendy: Tu serenidad y responsabilidad, hacen de ti un ser inefable y grandioso.
Andreina: Cumplidora, mi tierna y chiquilla soñadora, que la vida te depare lo mejor.
Vivian: Tu sonrisa y espontaneidad forman un corazón maravilloso.
Thaíla: Segura, muy inteligente, y qué decir del hermoso retoño que otorgaste a la vida. **Nicole** y tú son muy, pero, muy especiales.
Daniel: Tu mirada profunda, tu limpieza, tu prontitud y exactitud, eres mi favorito, mi niño, cosas bellas llegaran a ti, nunca olvidare el GOOOOOL eterno en tus labios.
Sergio: Eres mi orgullo siéntete muy amado por mí, con tus sueños e ilusiones sigue adelante, ya pronto todos serán cumplidos. ¿Sabes? cuando naciste te disfruté un día entero entre mis brazos, no te deje ni un instante, llevo en mi memoria lo bello de ese primer día eras tan hermoso y lo sigues siendo por ¡supuesto! siempre te llevo en mi corazón.
Santiago: Tu sonrisa, tus palabras abiertas y juguetonas te hacen ser encantador mi perrito. Cuanto te quiero. Por ahí me dicen que hay un juego pendiente, ya lo sé y espero un día venidero, apreciar esas, tus dotes futbolísticas.
Julián: Tu animo, tu alegría y los manjares que haces dicen que son riquísimos y deliciosos, espero disfrutarlos muy pronto.

Camilo: El soñador. Aún recuerdo el día en que corte por primera vez un mechón de tu cabello, había crecido un poco desordenado, llevé la contraria a tus padres «jeje» pero quedaste tan lindo, mi niño que valió la pena.

¡Ah!… y que les diré a mis hermanos:

Gilberto: Viajero del tiempo te recuerdo, aunque has estado lejos de casa, siempre has sido importante para mí.
Urbano: Sencillo, mi incomprendido soñador, cuídate te quiero mucho.

Y de mis cuñados:

Anita: Una mujer de admirar definitivamente, eres muy valiente.
Blanca: Mujer sencilla, aferrada a la vida, se feliz.
Carlos: Profundo, sencillo, y muy paciente, te animo a que sueñes que con absoluta certeza cambiará tu vida.
Luis Alberto: De mente brillante y apoyo espontaneo.

Y por supuesto

la tía **Rosa** muy especial y mi favorita.
Sandra: Un dechado de virtudes mi Porce.
Pilar: Tu sonrisa esplendorosa y alegría genuina
Danielita, la travesura en pañales mi niña hermosa, se feliz.

A mis primas, primos, tíos
y a los que no pude incluir
en verdad los llevo en mi corazón.
a todos
les recuerdo y les digo:
que son seres únicos e irremplazables
los amo y les evoco un montón.

UN DÍA Y LA PAZ

Una nube sombría
cruzo por mi mente
al comprender el dolor
y darme cuenta de cuánto daño
ha hecho el hombre
a sus mismos hermanos

Hoy sólo pido amar
y tolerarnos unos a otros
para que halla
un mañana mejor
que la alegría fluya
desde nuestros corazones
para que allane
este camino a seguir
y todos por fin conseguir
los sueños tan anhelados de Paz
saben...Tenemos el poder
para cambiarlo todo.

Aportemos el amor
incondicionalmente
con la clave única
de la compasión
dejen fuera
el dolor y todo rastro
de culpabilidad

Jamás levantemos
el dedo para juzgar
pues todos somos iguales
perdona y permite ser
para poder encontrar la paz

AQUELLA NIÑA

Ella; se atrevió a soñar
solía saltar entre las rocas,
chapotear entre los remolinos
formados por el agua cristalina
de la cañada que corría
en la cercanías del pueblo.
Se deleitaba y ensimismada quedaba
escuchando los murmullos del agua al correr
y el cantar de las aves silvestres.

Solía mirar al cielo
y ver esos pájaros gigantes volar;
soñaba con lugares exóticos que
algún día conocería... ¡Sueños cumplidos!
y al crecer soñó y soñó con dar
una mejor y merecida vida a su familia
puso su empeño, ¡lo logró!
deseo fervientemente
un amor puro llegar... ¡llegó!
Vio a sus retoños crecer ¡que Felicidad!

Entonces ¡oh! Época aciaga
de la vida, se olvido de soñar
los sinsabores llegaron
¡No!, no fueron invitados, por cierto
y la llevaron a perder su certeza.

Pero... Un día ¡despertó!
comprendió que nunca es tarde
para crear otra realidad
empezó a dibujarla en su mente
se vio así misma, como un ser ilimitado
he hizo un compromiso con su Dios
de amarse y amar incondicionalmente.
Ya... ¡ya volvió a soñar!

CAE LA LLUVIA

A lo lejos se escucha
el ronco tronar de los rayos
cual sonoras trompetas
anuncian...
Que la tempestad se acerca

Observo el fulgor que destellan
expectante escucho... como resuenan
se van acercando
¡Ya, ya están aquí!
cual sonoros cantares
azotando techos y ventanales

Afuera los árboles
serenos y firmes
se inclinan ante
el impetuoso avance

Cual amantes danzantes
se doblegan, se entregan
trémulamente...
En su fragante estruendo

¡Oh! tempestad
pasad, pasad rauda y veloz
que aquí estoy expectante
esperando a mi amor

Con trémulo impulso
contengo el aliento
acecho el momento de su llegada
escucho sus pasos...
¡Ya, ya estás aquí!...

RECUERDOS

Recuerdo... Recuerdas
Aquellas noches
de invierno y solaz
en esa lejana comarca.
Te ame... Me amaste
bajo la lluvia, bajo las estrellas
cual aves nocturnas
y amantes eternos

Qué pena, que pena
he dejado al partir
ya, sin tus besos
me siento perdida.
Y tú, sin mi estas desolado

Volveré...
te lo prometo mi amor
mis brazos anhelan
aquellos momentos
de fuego y solaz
¡Ah! tiempos felices
que compartíamos los dos.

Te añoro... Me añoras
me evocas... Te evoco
amarte... Conocerte
dejarte... dejarnos...
Sólo nos queda y nos une
la promesa eterna
de reencontrarnos.

HUGO H. BLANCO

Nació en La Habana, Cuba, en 1942. Cursó estudios en la Universidad de La Habana, graduándose como Ingeniero Electricista. A temprana edad, muestra un marcado interés por las letras, y estas se convierten en parte de sus sueños, además de su carrera. Por ser un libre pensador, y respetuoso del derecho ajeno, cae, rápidamente, en contradicción con el régimen comunista cubano, y va a prisión. Años después, emigró a Venezuela, donde vivió siete años. Vive, actualmente, en la ciudad de Miami, Estados Unidos. En cuanto a la literatura, ha incursionado en dos géneros muy importantes: el cuento y la novela. Es tan prolífera su obra, que, hasta la fecha, tiene escritas cuatro novelas: "Vivencias", "Un Padre Es Muchos Padres", "Egoísmo" y "Convergencia"; en las cuales su sagaz pluma, perfila, con maestría, los estados psicológicos de los personajes, llenos de gran carga emocional y realismo. Al escribir su libro de cuentos "Cosas de la Vida", del cual forma parte "Inexorable Destino", nos narra, con exquisita prosa, los pasajes que a diario vivimos, haciendo partícipe al lector e involucrándolo de tal manera, que no puede escapar de la magia de este gran prestidigitador del cuento, Hugo Blanco."

mblanco3@bellsouth.net
Teléfono: 305 829-5429

A mis hijos

© 2008, Hugo Blanco
Derechos reservados

INEXORABLE DESTINO

-Manuel, te veo muy excitado, ¿qué te sucede?-preguntó Ricardo a su amigo.
-Es que hoy es un día muy especial para mí.
-¿Por qué?
-Porque voy a saber cuál va a ser el día de mi muerte.
-¿Acaso te has vuelto loco? Eso es imposible-, enfatizó Ricardo.
-Tal como lo estás oyendo; voy a ver a una famosa astróloga, que me va a hacer la carta natal.
-Esos no son más que una partida de estafadores que se aprovechan de nuestras debilidades.
-¿Tú has visto alguna vez, a uno de ellos?
-No.
-¿Entonces, cómo te atreves a hablar así de algo que no conoces?
-El hecho de que no haya tenido alguna experiencia personal, no me inhibe de opinar; he oído y leído muchas historias al respecto.
-Estas tocando de oído Ricardo. Yo he tenido ciertas experiencias con astrólogos y generalmente, han sido acertadas. Como si fuera poco, esa señora me va a decir, además, cual va a ser la causa de mi muerte.
-Decididamente, estás loco de remate.
-¿Por casualidad sabes quién fue Miguel de Nostradamus?
-No, en lo absoluto.
-Ese ha sido el hombre más famoso, que ha existido, en lo que a predicciones se refiere. Fue tan famoso, en su época, que la reina Catalina de Médicis, ante los vaticinios que le hizo acerca de su familia, y luego de comprobar cómo los mismos se cumplieron, lo hizo miembro de su corte y le consultaba acerca de todos los pasos que iba a dar; esto abarcaba desde problemas intrascendentes, hasta la toma de decisión a la hora de ir a la guerra.
-Ah, esas pueden ser exageraciones, muy propias de cortesanos, que se han agigantado como leyendas con el de cursar de los años.
-Lo que dices no es cierto, porque, Nostradamus, no se limitó a augurarle el futuro a Catalina, sino que lo hizo, también, respecto a la historia de la humanidad.
-¿Qué?

-Claro hombre; ahí están, como prueba, sus escritos.
-¿Y qué auguró?
-Pues hechos tales como la revolución francesa, Napoleón y las dos guerras mundiales.
-Parece asombroso lo que dices.
-Pues es como lo oyes.
-Voy a tratar de buscar información al respecto, pero me niego a aceptar que haya forma de averiguar lo que va a suceder en el futuro. De ser así, muchas desgracias se podrían haber evitado para bien de la humanidad. ¿Cómo explicarse, entonces, que si el hombre estaba avisado de las dos guerras mundiales, cometió la estupidez de ir a ellas?
-Piensas eso, pero ahí tienes un gran error: crees que si uno conoce el porvenir, eso le da la posibilidad de cambiarlo y pasas por alto un hecho fundamental.
-¿Cuál?-preguntó Ricardo.
-Que el destino es inexorable; que, independientemente, de que lo conozcas o no, lo que va a suceder, sucede de todos modos.
-Por más que quiera, me niego a aceptar lo que dices; me parece un insulto a la inteligencia del ser humano lo que estás diciendo; además, es muy fatalista.
-No, Ricardo, es real.
-Mira Manuel, desde su aparición sobre la faz de la tierra, el hombre se ha cuestionado constantemente: ¿de dónde vengo?; ¿a dónde voy?; ¿cuál es mi objetivo en la vida?; ¿cuál es mi destino? Estas interrogantes han hecho que las religiones, los filósofos, astrólogos, y otros, hayan consumido generaciones y siglos, en pos de las ansiadas respuestas. Esta inquietud, ha sido campo fértil del se han aprovechado una serie de impostores, que presumen de ser los elegidos. Entre ellos, cabe mencionar las cartománticas, las que leen la palma de la mano, los espiritistas, los interpretadores de sueños y, muchos más, que harían la lista interminable. Es bochornoso ver cuántos especulan y lucran, a expensas de nuestra inquietud existencial.
-De la misma manera que no existe regla sin excepción, no existe actividad del quehacer humano, donde no se identifiquen dos grupos: el profesional y el impostor. La presencia de estos últimos, no descalifica a la actividad, porque de ser así, paralizaríamos al planeta.

-Te concedo el punto de que eso pasa en toda actividad, pero de todos modos me niego, porque si todo fuera tan simple, esto se habría resuelto hace siglos.
-Te puse el ejemplo de Nostradamus porque es el más famoso, pero existen muchos más que tienen poderes sobrenaturales. ¿Acaso no conoces a las médiums que son utilizadas, por la policía, para tratar de descubrir crímenes?
-Sí, cómo no.
-¿Cómo lo explicas tú que eres tan escéptico?
-En eso no sé qué decir.
-Bueno, en menos de diez minutos, he logrado cuestionar el dogma que tenías al respecto y eso ya es algo. ¿Imaginas el poder que tendría el que fuera capaz de predecir el futuro, y además cambiarlo?
-Sería el amo del mundo-exclamó Ricardo.
-Creo, repito, que se puede predecir, pero no se puede cambiar el destino de un hombre, un pueblo o la humanidad-dijo Manuel, satisfecho de haber confrontado a su amigo con cierto éxito.
-Especulando un poco, me parece que si eso fuera posible, la Vida perdería el misterio que tiene el vivirla. Por lo demás, aún en el supuesto caso de que existan algunos que tienen "esa gracia", por llamarla de alguna forma, por cada uno de ellos, encontrarías cien estafadores.
-Para ti, que eres un ignorante en estas cuestiones, sería casi imposible reconocer a un improvisado; pero yo, con los años, he desarrollado un sexto sentido que me permite saber quién es quién, de inmediato.
-Aún así, hay algo más: si me dijeras que vas a verla porque te va a decir cuáles son los números que van a salir en la lotería, no me preocuparía tanto, porque en el peor de los casos, no harías más que perder unos pesos; pero tú pretendes, ni más ni menos, que te digan cuándo y cómo vas a morir, y eso me resulta escalofriante.
-¿Prefieres vivir ignorante de, cuándo y cómo, va a suceder?
-Pues claro; creo que de saberlo, viviría aterrado desde ese mismo instante.
-Ricardo, dices algo que me desconcierta; ¿acaso no sabes que vas a morir algún día?
-Sí, lo sé, pero prefiero ignorar esa información que tanto anhelas.
-Saberlo, te daría la oportunidad de ser práctico y organizar tu vida de acuerdo a las circunstancias; por ejemplo, si yo supiera que voy a

vivir por mucho tiempo, ello me obligaría a atemperar mi vida a ese hecho.

-¿Cómo?

-Pues guardando más dinero para la vejez; pero si, por el contrario, me dijeran que mi muerte iba a ser prematura, me olvidaría de ahorros, de planificar a largo plazo y viviría intensamente, haciendo en el corto período de tiempo que me quedara, todo lo que habría ambicionado en la vida.

-Visto así, parece perfecto; pero, ¿qué pasa si la predicción es errónea? ¿Qué pasa si te dice que vas a morir joven y gastas tu dinero? Al final no sucede y te quedas en la más absoluta ruina y como si fuera poco, habrás estado sufriendo por la proximidad de la muerte. Definitivamente, no le veo sentido a eso.

-No contemplo esa probabilidad, porque tengo fe ciega en esa señora.

-Esa señora, no es más que otro mortal y como tal, tiene derecho a equivocarse; por favor, Manuel, nadie es infalible.

-No me queda más remedio que repetirte que no sabes de lo que estás hablando; hasta hoy has ignorado todo lo que se refiere a lo que estamos tratando.

-La verdad es que, a pesar de que eres una persona que me merece crédito, en esta ocasión, me niego a creerte. Haciendo una abstracción y suponiendo que yo supiera cuando voy a morir, creo que a partir de entonces, estaría contando los días que me quedan, como si fuera un condenado a muerte en su celda; por más que quiera, no le veo la ventaja.

-Eso es porque quieres ignorar la realidad.

-Quizás todo se deba a que eres más osado que yo, y ello te permite darte el lujo de oír hablar de tu muerte anunciada, como si se tratara de algo trivial.

-La juventud ve la muerte como algo remoto y por ende ajeno, mientras que nosotros, "los de cierta edad", la vemos como algo común; posiblemente, cuando seas más viejo, cambiarás de parecer. Cuando eso suceda, si estoy por los alrededores, ven a verme para orientarte y ahorrarte todos los tropiezos propios del iniciado.

-Veremos qué sucede para ese entonces; ahora bien, no quiero que me malinterpretes Manuel; si he discutido contigo, es porque te aprecio.

-Yo lo sé mi querido Ricardo, pero no te preocupes. Sé lo que estoy haciendo, y además, estoy en muy buenas manos. Para que veas cuanto te aprecio, voy a cometer contigo la indiscreción de mantenerte al tanto de lo que ella me diga.
-Te agradezco la confianza. Creo que sería una buena manera de comprobar quien tiene la razón; por demás está decir que puedes contar con mi más absoluta discreción.
Manuel se disponía a partir, cuando Ricardo lo interrogó una vez más:
-Lo que no entiendo es ¿por qué si vas a hacer algo que te place, estas tan excitado?
-No es para menos. Hoy se define cómo voy a vivir el resto de mi vida; además, la respuesta puede resultarme agradable o desagradable.
-Creo que si de la muerte se trata, no hay respuesta agradable.
-Pues estas equivocado.
-¿Cuál sería para ti una respuesta agradable?
-Es muy simple; vivir hasta los ochenta años en plenitud de facultades físicas y mentales, y morir de un infarto cardíaco. Eso sería maravilloso.
-¿En qué radica la maravilla?
-En no padecer una larga agonía; en no perder la conciencia; en no quedarse viviendo en vida vegetativa, dependiendo de los demás. Yo siempre digo que hay muertes que son cinco estrellas y hay otras que son infames.
-Sí, es cierto que hay formas de muerte más benignas que otras; en verdad, nunca había pensado en eso.
-Porque no tienes edad para ello Ricardo; todo viene a su debido tiempo. Bueno, me voy que tengo la cita en una hora, y lo último que quiero es llegar tarde.
-Bien, deseo que te oferten una muerte en bandeja de plata-dijo Ricardo en tono burlón.
-Búrlate hombre, mañana te contaré.
Manuel, llegó con puntualidad a casa de la astróloga y al poco rato, fue recibido por esta en un cuarto, especialmente, dedicado a esos fines. El hombre, se sentó en el escritorio frente a la mujer; a espaldas de esta, se veía colgado un cuadro con los signos zodiacales. Después de saludarse, la mujer le preguntó:

-Usted me perdona Manuel, pero son tantos los casos, que no recuerdo que lo trae por aquí hoy.
-La última vez que vine profesora, le expresé mi deseo de saber la fecha y forma de mi muerte y usted me señaló una cita para hoy.
-Ah, es cierto. Si no lo hice en aquel momento, fue porque he adoptado el criterio de tratar de no hacer este augurio. Si lo hago, que sea después que la persona lo haya pensado muy bien. Este tópico me ha traído muy graves problemas. ¿Persiste en su empeño Manuel?
-Sí profesora.
-Por ser usted, voy a acceder por esta vez-dijo la mujer, a la vez que extraía lápices, unas hojas de papel en blanco y otras que tenían varios círculos concéntricos.
-Por favor, dígame la fecha de su nacimiento.
-Diez de abril de mil novecientos cuarenta y dos-. La mujer empezó a escribir los datos en una hoja en blanco.
-¿Sabe la hora de su nacimiento?
-Sí, once pasados meridianos-. En ese momento se oyó un grito desgarrador que venía del cuarto contiguo. La mujer salió corriendo y Manuel la siguió; de inmediato, ambos se toparon con el pequeño hijo de la astróloga: un niño de unos ocho años de edad, que rabiaba de dolor, a la vez que blandía su mano derecha. Sucedió que el muchacho trató de agarrar una jarra metálica, que tenía leche hirviendo, y la misma se derramó sobre su mano, quemándola.
La madre, auxiliada por Manuel, sometió al niño a la dolorosa cura de la mano; a continuación, ella ingirió un calmante y le dio otro al pequeño que, al poco rato, se quedó dormido. Después de acomodarlo en su cama, regresaron a la habitación donde ella atendía los clientes.
-¡Que mal rato he pasado!; aún me encuentro excitada. ¿Por qué no dejamos esto para otro momento?
-Por favor profesora, le ruego que continúe, porque he esperado este día con mucha ansiedad.
-No me hace mucha gracia la idea, pero voy a continuar-. Como ya tenía escritos los datos de su nacimiento, pasó los mismos de la hoja en blanco, a una de las hojas con círculos concéntricos; comenzó a escribir números, trazar rayas y símbolos trigonométricos. Después, comenzó a colocar puntos en el gráfico y a unirlos entre sí. Ya al final, la mujer dijo:

-Con la carta natal o carta del cielo, se puede sacar el punto de muerte y determinar con exactitud el día, hora, año y forma de muerte de una individualidad-. Siguió haciendo cálculos, y según avanzaba, su rostro fue tomando un tono sombrío que no pasó inadvertido para Manuel. Cuando terminó, hizo silencio y después de una larga pausa dijo-: lo que tengo que decir no es muy agradable Manuel; si lo prefiere damos esto por terminado y lo dejamos así.
-Oh no, de ninguna manera. Prefiero la realidad por muy cruda que esta sea.
-Entonces, ¿persiste?
-Sí.
-Bien, tomando en consideración sus datos de nacimiento, le diré que va a sufrir una trombosis cerebral que le va a paralizar la mitad del cuerpo; guardará cama durante un año y al final morirá de un paro respiratorio.
Un gesto de sobrecogimiento invadió al hombre.
-Y ¿cuándo sufriré esa trombosis?-preguntó con tono inaudible.
-El quince de enero de mil novecientos ochenta y nueve.
-Entonces me queda poco más de un año de vida.
-Si Manuel.
-¡Qué forma de muerte más cruel y qué joven moriré profesora!
-Lo siento-exclamó ella apenada-; quizás habría sido mejor no haberle dicho nada.
-Eso no cambiaría los resultados. Es mejor estar preparado, aprovechar el tiempo que me queda y después afrontar los hechos como un hombre-. Se hizo un silencio insoportable. Él, aparentando que se había recuperado de la mala noticia exclamó:
-Si no queda más por decir, me retiro-. El hombre metió la mano en el bolsillo y extrajo la billetera para pagar la consulta.
-Por favor, Manuel, no me pague esta vez.
-No se lamente de lo ocurrido profesora; en fin de cuentas, usted me ha hecho un favor porque ahora viviré intensamente lo que me queda de vida útil; peor habría sido ocultármelo y que la desgracia me hubiera tomado por sorpresa.
-Si lo toma con esa filosofía, me alegro-. Después, él se retiró.
Aquella noche, no pudo dormir pensando en lo que le esperaba, y lo que debía hacer. "Qué forma de muerte tan terrible Dios mío", pensó Manuel, acostado en medio de la oscuridad de la noche, con los ojos bien abiertos. "Me va a suceder lo que tanto he temido. ¿Por qué me

tiene que pasar, precisamente, a mí? Creo ser una buena persona y merecer mejor destino." "Señor, yo no soy quien para cuestionar tus designios; además, no vale la pena discutir lo que no tiene remedio, lo inexorable". De pronto, un destello de esperanza brotó de lo más profundo de su ser. "¿Qué tal si la profesora se equivocó? No, no es posible; ella siempre ha acertado en sus predicciones. Pero bueno, basta ya. Mis pensamientos deben estar encaminados en un solo sentido: ¿qué hacer, para disfrutar lo que me queda por vivir?". Así continuó hasta las cinco de la mañana. Trataba de barajar, en su mente, los lugares a donde ir y las cosas que hacer, pero todo era pensado con superficialidad; la idea central que ocupaba su mente, era la de su muerte; poco después, exhausto logró conciliar el sueño.

A las nueve de la mañana el toque de la puerta lo hizo despertar; con movimientos lentos se levantó y abrió.

-Buenos días-. Dijo Ricardo, pero desconcertado preguntó-: ¿qué te pasa?

--Nada, sólo que no he dormido bien.

-Perdóname por haberte despertado, pero es que pensé que ya a estas horas estarías en pie; además, la curiosidad por saber lo que te dijeron, me mataba; ¿viste a la mujer?

-Sí-, dijo Manuel, a la vez que se disponía a hacer café.

-¿Qué te dijo?

-Fue terrible Ricardo-exclamó Manuel con desconsuelo, y seguidamente, pasó a relatarle el resultado de la consulta.

-Como verás, yo tenía razón; mira cómo te ha puesto la noticia.

-Esto no es más que la primera impresión; además, lo que he estado haciendo, gran parte de la noche, es planificar el futuro.

-¿En qué consiste esa planificación?

-Por lo pronto me iré a España, el próximo mes, con los ahorros de que dispongo y después que regrese ya veré que hago. Ahora, más que nunca, tengo que probarme; es en la desgracia donde el hombre muestra su entereza de carácter. Sobreponerme es lo único sensato y eso es lo que voy a hacer; en mi pueblo hay un viejo proverbio que dice: "nadie se muere en la víspera."

-No sé cómo eres capaz de guiarte por una tontería como esa. Espero que todo sea falso y sigas viviendo muchos años más.

-No Ricardo, no hay equívocos-dijo Manuel, a la vez que negaba con la cabeza.

-Mejor hablemos de cosas agradables; resulta que voy a casa de unos amigos, en la playa, a comer y beber un poco; aunque sé que no te gusta la bebida, me parece que un par de tragos no te vendrían mal en un día como hoy.
-Está bien, me parece buena idea.
En esa ocasión, para sorpresa de Ricardo, Manuel se emborrachó, a tal extremo que tuvo que llevarlo de regreso a su casa. Los siguientes días, los vivió Manuel, atropelladamente, haciendo todas las gestiones necesarias para su viaje. Una vez llegada la fecha, partió y estuvo por Europa treinta días. Cuando regresó, Ricardo lo fue a visitar.
-¿Cómo la has pasado?
-Bien, he visto lugares muy bellos y he colmado un gran deseo, gracias al hecho de estar prevenido sobre lo que va a suceder.
-Siempre que ello te sirva, para aprovechar la vida, está bien.
-Es una lástima que se me hayan agotado los ahorros, porque de lo contrario habría seguido la farra.
Manuel se incorporó a su trabajo y a las actividades propias de la vida cotidiana. Con el de cursar de las semanas, se fue apagando la euforia del viaje, para dar paso, de nuevo, a la obsesiva idea de lo que habría de suceder. La idea de la enfermedad, la parálisis parcial, la larga convalecencia y la consiguiente muerte, no lo dejaban vivir. Cada vez que le venían esos pensamientos, trataba de evadirlos, con muy poco resultado. Un domingo, sólo en la casa, de la cual por cierto no salía, se le ocurrió algo que no había pensado antes. Esta fue la línea de pensamiento: "la profesora me dijo que tendría una trombosis cerebral. Y ¿qué tal si voy a ver a un neurólogo, le cuento que tengo una serie de síntomas que me tienen muy preocupado y le pido que me haga un chequeo exhaustivo? En honor a la verdad, estoy contradiciendo todo lo que he pensado hasta hoy. Me he cansado de decir que el destino no se puede cambiar, y eso es precisamente lo que ahora quiero hacer. No Manuel, eso no tiene sentido… Bueno, de todas maneras el hecho de que yo haga que me chequeen, no necesariamente quiere decir que estoy tratando de evadir el esperado desenlace. Más bien, debe suceder que el especialista, sea capaz de detectar algo, pero que de todos modos, no sea capaz de frenar lo inevitable. Sería una forma de seguir, paso a paso, la evolución del presagio. Decididamente, no me estoy contradiciendo, de modo que veré a un neurólogo". Antes de ir al

especialista, Manuel, leyó e indagó cuanto pudo acerca de la trombosis cerebral, sintomatología, test que se acostumbran a hacer, etc. Una vez que se sintió en condiciones de poder fingir los síntomas que pueden presentarse, pidió una cita.

El día de la consulta, le contó al médico, acerca de los supuestos síntomas que tenía; le dijo que en su familia había antecedentes de familiares que habían muerto producto de accidentes vascular encefálicos y que por eso, estaba sumamente preocupado. Después de verlo, el especialista le dijo que le iba a hacer unos exámenes, y algunas otras pruebas más y lo vería en dos semanas. Durante ese tiempo, no dejo de seguir con las mismas inquietudes, pero a la vez los resultados de las pruebas neurológicas fueron hasta cierto punto un elemento de distracción. Llegado el día, asistió a la consulta. El doctor le preguntó:

-¿Cómo se siente?

-Igual doctor.

-Pues bien, le tengo buenas noticias, porque todos los exámenes demuestran que está en perfectas condiciones desde el punto de vista neurológico.

-¿De modo qué no me detectaron nada anormal?

-No.

-¿Eso quiere decir que usted me asegura que, en el próximo año, yo no voy a tener ningún problema neurológico?

-Déjeme decirle algo; en medicina nada está garantizado. Ningún médico se atrevería, jamás, a garantizarle eso a cualquier paciente.

-Pero ahora, no me ha encontrado nada.

-Eso es correcto. Sucede que hay patologías cuyo desarrollo demora años y hay otras, que son fulminantes a corto plazo. En Medicina, señor, no hay nada escrito en piedra. Por lo demás, si desea, venga a verme en un año.

De regreso a casa, Manuel pensaba que estaba tan desconcertado, como antes de acudir a la consulta: no se le veía nada, pero no se le garantizaba nada. Se sentía confundido y no entendía por qué. Supuestamente, había ido a ver al especialista, como una forma de ratificar lo que la astróloga había dicho, pero no había sido así. "Cualquiera diría Manuel, que te sientes mal porque no te encontraron nada. ¡Por favor, no seas absurdo hombre! ¿Qué ganarías con estar mal, como no fuera empezar a sufrir tu calvario? No te desesperes que ya llegara tu momento."

Una vez que pasó la distracción de la consulta médica, Manuel volvió a concentrarse en su problema, a tal extremo que cayó en una profunda crisis depresiva y comenzó a tomar sicofármacos.
Una tarde, Ricardo se presentó en su casa y quedó profundamente impresionado por el deplorable estado de su amigo:
-¿Para eso querías saber el futuro?- le reprochó.
-Yo siempre pensé que sería capaz de resistir aún lo peor; pero nadie puede predecir cómo se va a comportar ante una situación, hasta que la experimenta; lo demás, es pura especulación.
-Tienes que ver qué haces, porque de lo contrario, vas a morir del susto y entonces sí que vas a hacer quedar mal a la astróloga y a su profecía.
-Si tuviera dinero, podría emprender otro viaje.
-Esto no es cuestión de dinero o viaje Manuel; tú no puedes huirle al problema porque en el estado en que estas, lo llevarías contigo, a donde quiera que fueras. No te queda más remedio que sobreponerte. ¿Por qué no te haces la idea de que lo que te anunciaron, no se va a cumplir?
-Soy demasiado objetivo y no me gusta engañarme a mí mismo. Sé que lo dicho, ha de suceder de todas maneras.
-Entonces, sólo te queda seguir sufriendo hasta que todo ocurra; cada vez me convenzo más que yo tenía la razón.
El diálogo sostenido se repitió muchas veces; cada día que pasaba, Manuel se ponía peor porque veía más próximo el desenlace. Pasaron los meses y con ellos, él se fue desgastando.

Veinticinco de diciembre de 1988

-Pero Manuel, ¿ni tan siquiera la Navidad te ha podido alegrar?- le dijo Ricardo que lo había visitado para regalarle una botella de vino- .Te traigo esto, para ver si te enajenas por unas horas, que buena falta te hace.
-Imagínate Ricardo, esta es mi última Navidad. ¿Cómo quieres que este alegre?
-Vamos hombre ¡anímate por Dios!
-No puedo; te agradezco que te hayas acordado de mí y hayas venido a compartir un rato, pero por favor vete que no tengo derecho a echarte a perder el espíritu navideño.
-No, de ninguna manera. Soy tu amigo y por eso estoy aquí. En más de una ocasión he tenido problemas y siempre he podido contar con tu apoyo.

-Gracias hermano; si soy honesto, debo reconocer que no vivo desde el día que vi a la profesora. No me concentro en nada y todo se me olvida porque mi mente es un hervidero.
-Vas a terminar loco.
-Lo peor es lo que no te he querido decir.
-¿Qué ha sucedido?
-Que como si todo fuera poco, me han despedido de mi trabajo por problemas disciplinarios. No me han tenido ninguna consideración, después de tantos años de servicio.
-Por favor Manuel, no le eches la culpa de tus problemas a otros; es más, bastante consecuentes han sido contigo, porque en el estado en que estas, no puedes trabajar.
-¡No me reproches más!-exclamó Manuel histéricamente.
-Perdona...
-Es mejor morir una y mil veces antes que seguir viviendo así.
-¿Qué tú estás diciendo? No vayas a cometer una locura.
-Fue sólo un comentario, no me hagas caso.
-No puedo creer que estés tan perturbado como para tratar de burlarte de lo que tanto has creído. Creo que lo mejor que puedes hacer es esperar a ver qué sucede.
-Sí, eso haré-dijo Manuel, algo alelado por los medicamentos.

Treinta y uno de diciembre de 1988

Ricardo, estaba terminando de almorzar cuando tocaron a la puerta. Al abrir se encontró ante él, a una mujer que le resultó desconocida.
-Buenas tardes-dijo ella.
-Buenas tardes.
-Por favor, ¿dónde vive Manuel Rodríguez?
-Es la próxima puerta a la izquierda.
-Gracias-dijo la mujer, a la vez que se disponía a dar media vuelta.
-Espere, él no se encuentra ahí ahora.
-¡Oh! que inconveniente-exclamó disgustada.
-Yo soy su mejor amigo; ¿puedo ayudarla en algo?-. La mujer se quedó pensativa, como dudando qué hacer-.En mi puede confiar plenamente, por favor pase y siéntese.
Ella accedió y se decidió a hablar:
-Mire, le voy a ser sincera; yo soy astróloga y amiga de Manuel.
-Ah, ¿usted es la dichosa astróloga?; sí, él me ha hablado mucho de usted.
-Entonces, ¿está al tanto de todo lo que yo le dije?

-Para demostrarlo, le diré que sé todo lo relacionado con su posible muerte.
-Señor, yo estoy profundamente apenada con él, porqué cometí un grave error.
-No me diga que lo que le dijo no era cierto
-Sí.
-¡Señora, desde el día que Manuel la vio, no ha vivido! Ese hombre está a punto de volverse loco y todo por una equivocación. Para colmo, ahora es que viene a decirlo. ¡Manuel lleva muchos meses de sufrimiento!- terminó Ricardo su atropellada y condenatoria alocución.
-Por favor, ¿me deja explicarme?
-¡Más vale que lo haga y pronto!
-En primer lugar, quiero aclararle que el error fue involuntario.
-Eso no la exonera en nada del daño que le ha causado.
-Por favor déjeme terminar-suplicó ella-. Aprecio mucho a Manuel y conozco muy bien mí profesión, como para saber las consecuencias que puede tener una equivocación de mi parte; eso responde en algo su pregunta, porque yo no soy una irresponsable. En cuanto a que es ahora que me aparezco, ello se debe al exceso de responsabilidad que tengo.
-No entiendo nada.
-Soy tan cuidadosa que siempre dedico los dos últimos días del año a revisar todos los casos que he tenido en esos doce meses. Reviso cuales fueron mis predicciones y después, llamo a los involucrados para ver qué ha sucedido; eso que hago yo, no lo hace nadie en esta actividad, hasta donde yo sé; me pueden acusar de cualquier cosa, menos de irresponsable. En el caso de Manuel hace, apenas dos horas, cayó en mis manos su expediente, con la carta natal, los gráficos, cálculos y predicciones. Al revisarlo todo, me percaté de que había cometido un error.
-¿Cuál?
-Cuando me dio su fecha de nacimiento, fue diez de abril de mil novecientos cuarenta y dos a los once pasados meridianos y ahí es donde viene el problema.
-Yo no lo veo.
-Pero yo sí. Siempre escribo los datos personales, en una hoja de papel en blanco y después lo paso a las hojas con el mapa astrológico. Revisando las hojas, me di cuenta que al traspasar la

fecha de nacimiento, en vez de ponerla como se hace en ingles, o sea cuatro, diez, cuarenta y dos, la puse como se hace en español: diez, cuatro, cuarenta y dos.
-O sea que la hizo basada en que él había nacido el cuatro de octubre y no el diez de abril.
-Sí.
¿Y cómo usted, que dice ser tan "profesional", pasó por alto ese detalle?-preguntó Ricardo muy molesto.
-Cuando vi el error, traté de reconstruir los hechos y me percaté de que las hojas de su carta natal estaban manchadas y fue así que pude recordar lo que había pasado.- Le explicó que su pequeño hijo se había quemado y ella había perdido la concentración en lo que estaba haciendo, y hasta le propuso a Manuel suspender la cita y moverla a otra fecha, pero él le rogó que continuara. Ella lo vio tan preocupado que decidió complacerlo, aún en contra de su voluntad.
-Entonces, ¿el vaticinio de que va a sufrir una trombosis cerebral no es cierto?
-No.
-Debo avisarle cuanto antes; él me dijo que iba a casa de un amigo nuestro con el cual se citó después de almuerzo, para ver si le podía conseguir un empleo. Lo llamaré por teléfono-.Ricardo buscó el número e hizo la llamada:
-¿Jorge?
-Sí ¿quién habla?
-Es Ricardo, ¿cómo estás?
-Ah, muy bien ¿y tú?
-Bien; oye Jorge, ¿Manuel está por ahí?
-No, ¿por qué?
-¿Él tenía una cita contigo hoy?
-Yo no sé nada de eso; ¿sucede algo?
-Él me dijo, hoy en la mañana, que se había citado contigo para ver si le conseguías un trabajo.
-! Imagínate tú!, !hablar de eso un treinta y uno de diciembre!
-Entonces perdona Jorge; si por casualidad te llama o lo ves, le dices que me llame cuanto antes.- Ricardo colgó y se quedó pensativo.
El silencio fue roto por la mujer:
-Como ya le dije, hace apenas dos horas que me di cuenta del error e inmediatamente le hice la carta natal con los datos exactos.

-¡Oh no, basta de cartas natales, que ya bastantes desgracias han traído! Le exijo que me la enseñe, y si es funesta, me tiene que prometer que no se la va a dar-. La mujer no respondió y le extendió unas hojas de papel con gráficos, cálculos y predicciones. Ricardo leyó ávidamente:
-Manuel Rodríguez, diez de abril de mil novecientos cuarenta y dos; hora de nacimiento: once pasados meridianos-. Pasó por alto los números y los gráficos, fue directo al acápite de las predicciones y leyó en voz alta-. Morirá, por su propia mano, el día treinta y uno de diciembre de mil novecientos ochenta y ocho. ¡Dios mío, es el día de hoy!-.Ricardo palideció-. No, esto no puede ser verdad, porque él, está demasiado convencido de la inexorabilidad del destino, como para pretender burlarlo.
-¿Pero usted no se da cuenta que si se suicida, no hará más que cumplir lo prescrito?- dijo ella.
-Sí, pero él piensa que lo prescrito es lo que sabe, y no lo que usted me acaba de decir.
-Él está sometido a una presión tan grande, que echaría por tierra todo lo que cree con tal de poder librarse de tan terrible presagio.
-Yo no creo en nada de esto y menos en usted; por favor váyase.
-¡No perdamos más tiempo y lléveme que va a ser la hora señalada! ¡Por favor, hágame caso!- gritó ella histérica.
Ricardo salió, a regañadientes, con los papeles en la mano, seguido por la mujer. Llegó frente a la puerta y empezó a dar golpes y llamar a su amigo.
-Manuel, abre; soy yo Ricardo. Aquí está la astróloga…-.La última palabra no se pudo oír, porque del otro lado de la puerta se oyó una fuerte detonación que parecía ser, sin lugar a dudas, un disparo de arma de fuego. La mujer, comenzó a llorar desconsoladamente, mientras Ricardo, con las manos enrojecidas por los golpes, dijo.
- ¡Que paradoja Dios mío! Manuel, creía ciegamente en el destino; después trató de burlarlo y con ese acto, no hizo más que ratificarlo-; dio media vuelta, y con los ojos enrojecidos exclamó:
-Inexorable destino. Señora perdóneme-, y se fundió con ella en un largo abrazo.

JOSÉ CABALLERO BLANCO

Ganador de dos menciones en los concursos Lincoln-Martí de poesía «2009 y 2010». Tiene publicado un libro de poesías «Aprendiz de Poeta» y sus memorias en los campos de trabajos forzados, en su natal Cuba. «UMAP. Una Muerte a Plazos», tiene incorporados poemas en dos libros de antologías en España. "Lluvia de Recuerdos" en la antología "Eclipse de Luna" y "Adicción" en la antología "Cálida Esperanza" de la editorial Rincón Poético.

Aunque desde su juventud los poemas fueron refugio de situaciones difíciles en su vida, es en Miami que decide publicar sus obras, además participa activamente con la revista Mujer, donde ha publicado cuentos cortos, artículos y poemas. Cuenta con una columna fija en la revista

Después de tener situaciones difíciles de salud manifiesta que "Escribir es su terapia" haciendo versos es como aprovecha la extensión de su licencia para vivir dada por Dios.

J_caball@bellsouth.net

SIMPLE POEMA

Envueltos por el llanto de la tarde en lluvia convertida
brotan versos que a la nostalgia cantan.
pesares que con mi rima no se espantan,
porque saben que en estos versos va mi vida

© 2010, José Caballero Blanco
Derechos reservados

MI PRIVILEGIO

Lugar bendito donde en marcado día
deposité en su fértil surco las semillas
de dos flores, preciosas maravillas
notas armoniosas de bella melodía

Me diste el grato privilegio de ser padre
cuando por amor pude fecundarte
a su vez con gozo pude compensarte
en el hecho incomparable de ser madre

Nunca podré en palabras pronunciar
todo lo que dentro de mi alma se atesora
al tener la mágica experiencia arrobadora
de mis hijas en los brazos acunar

Para ti bella mujer, mi dulce compañera
esposa y madre, columna fuerte del hogar
cuanto de este imperfecto ser, te podré dar
para llenarte de mi amor, la vida entera

JAMÁS, DIGAS NUNCA

Comentas, que nunca jamás vuelves a caer
en esa pasión que por un tiempo disfrutamos
creo es un error, pues en el juego del querer
sentimos, siempre más de lo que hablamos

No digas nunca, que a mis brazos no volverás
huyendo de una relación que quedó trunca
es difícil usar entre nosotros la palabra jamás
porque en cosas del amor, no se dice nunca, nunca.

EL MEJOR REGALO

No me regales una flor, porque fenece
ni adornos comprados con loca prisa
quiero aquello que siempre permanece
dame solamente, el brillo de tu sonrisa

RECUENTO

Cuando diga adiós, con el brazo alzado,
moviendo la mano, en señal de despedida.
será cariño, ternura, amor, todo lo dejado;
eso que sólo queda, en el final de la vida.

OJALÁ

Cuando el silencio es palabra
cuando la inmovilidad acción
buscaré entrada que abra
navegar a la ilusión

Sin que el ojalá no sea
una fuente de utopía
de la verdad que se vea
sólo el regalo de un día

Cuando el deseo expedito
de crecer y de vivir
no sea un vulgar delito
ni el pensar, un delinquir

Siendo vano todo empeño
que al ansiar libertad
no se convierta en un sueño
aislado de realidad

Pudiendo yo conocer
la mentira por incierta
e inteligencia tener
para no tocar su puerta
señal de verdad no muerta
luz de nuevo amanecer
campana que nos despierta
ojalá, ver renacer

GALOPE

Corceles briosos corren por mis venas
en vastas praderas de sueño pasado
respiran, bufan y en su belfo espuma
símbolo inequívoco de un amor cansado

¿Quién le pone frenos en la boca airosa?
Si su trote intenso desafía las bardas
de viejos conceptos, de estribos gastados
a las patas fuertes que crecieron largas

Sin usar espuelas que hieran ijares
corren con sus cascos por el pecho mío
no sé lo que comen, pues no veo henares
bebiendo tan sólo, agua del hastío

Son potros salvajes que no tienen bridas
la sangre ardorosa se escapa al galope
de cepos y trampas por ti concebidas
porque para amarte en forma salvaje
no quiero que un lazo, ate nuestras vidas.

PENSAMIENTOS

El amor es cual ave
que no puede vivir enjaulada
simplemente se muere

Cuando queremos a fuerza
sujetarlo entre nuestras manos
lo ahogamos

Dejémosle volar libre
sólo volverá al nido
cuando sus alas lo lleven a él

El mejor señuelo para el amor
es la dulzura del néctar
de la comprensión

Se equivocan
nadie es dueña de la persona
que dicen amar

Cuando quiere retenerla
deja de ser su amante
para ser su carcelera

Las promesas de amor
sólo se mantienen
cuando son reciprocas

El verdadero amor
es dadiva, no negocio
es entrega, no reclamo

En una relación
la pasión es efímera
el amor es eterno

DURA LID

No quiero perder mi tiempo lamiendo
la grave herida que la lucha me ha traído
prefiero tan sólo asimilarla, así, riendo
curándola con bálsamo de olvido

No hay dura coraza que pueda resistir
aquellas pérfidas actitudes alevosas
tus usadas palabras, las puedo describir
como un cúmulo de flechas venenosas

Contra las cuales, no hay escudo, ni adarga
armas temibles, disfrazadas de traición
siendo la mentira, una lanza muy larga
con que destruiste, la fe y la comprensión

Gladiadora en la arena del amor
de incontables encuentros vencedora
te fallo tu gastada estrategia, craso error
terminando en esta lid, la perdedora

Estando bien pertrechado tu arsenal
para hacerme pagar un alto precio
te sorprendí, en esta victoria final
al usar, mi afilada hoja del desprecio

EL ÚLTIMO ROMÁNTICO

¡Que soy raro! Eso es sabido
normal que llame mucho la atención
al ser el último romántico conocido
que creo en el sentir del corazón

Para mí no es obsoleto, adorar la poesía
creo todavía, que existe la ilusión
aunque es para muchos bobería
puedo separa el amor, de la pasión

Aficionado al romance como comienzo
al sentimiento que crece con candor
disfruto de un beso, porque pienso
es antesala, que abre puertas al amor

No me preocupa el que sea criticado
ni ser víctima de la incomprensión
si como romántico estoy ubicado
en una especie en peligro de extinción.

HECHO NORMAL

Si tenerte fue mi meta programada
poseerte, dulce sueño de un iluso
hallarte en mi camino, Dios propuso
¿Quién soy yo, para cambiar esa jugada?

Deseo que brotó, robándonos la calma
reflejo natural de dos que se atraían
cuando la mente y la razón ya no cabían
en aquellos que su ardor, les quemó el alma.

Sin permitir al sentimiento que se mute
en pira de amor, hoguera, normal llama
deleite que al grato placer nadie discute.

En sublime acto que el amor proclama
la pareja que se entrega a su disfrute
sobre las cálidas sábanas de una cama.

TRISTE CELEBRACIÓN

En la soledad que vive la muchedumbre
el ostracismo, isla desierta donde suelo vegetar
entre tinieblas, sin una débil luz que alumbre
prisionero de mi mismo, lucho por escapar
evitando al Ego que asoma, no se encumbre

Tan sólo, que me ha abandonado la tristeza
no queriendo hacerle par al desconsuelo
enorme vacío, almacena mi alma su pobreza
cuando en medio del jolgorio, siente duelo
resultando el simple hecho de vivir, una proeza

Es paliativo ineficaz, querer mi dolor ahuyentar
cuando en todos los rostros hay sonrisas y alegría
ni tragos, ni manjares, ni siquiera el alegre cantar
pueden hacerme olvidar que en una Navidad, un día
dijiste simplemente adiós, para nunca regresar

RETOMAR

Que me devuelvan aquello que yo quiero
el tiempo mío que disfrute de antaño
donde el hablar no era nunca engaño
ni era común honor ser bandolero

Donde había amor, respeto y valor
al maestro, a la autoridad, al vecino
hoy ser veraz y leal, es ser cretino
y ser honesto, es un grave error

Viviendo estoy tras una reja fuerte
que quita al aire pasar por mi ventana
opacando la luz del sol cada mañana
y en carcelero, el ladrón hoy se convierte

Pagar las deudas, el bien quedar
son costumbres antiguas, obsoletas
se alaba a quien vive haciendo tretas
buscando sin descanso a quien robar

¿Donde están los valores aprendidos?
Aquel mirar claro y directo de los ojos
la confianza y la fe hoy son despojos
que con arte nos quitan los bandidos

No quiero marcas, ni cuantiosos bienes
que quiten valor al beso y al abrazo
el conversar, disfrutando de un ocaso
sin ser tu valor, aquello cuanto tienes

Quiero se imponga el ser, y no el tener
con una vida tan clara y tan sencilla
como en el cielo de Abril la luna brilla
y tras la oscura noche surge el amanecer

Para todos es hoy, este gran reto
que nos haga el volver hacia el decoro
aquello que vale mucho más que el oro
que son, la ética, el honor y el respeto

No es utopía, ni solamente sueños
retomar valores que fueron siempre míos
de la vulgaridad siento ya, inmenso hastío
volvamos de la virtud, a hacernos dueños

MUJER

Novia, esposa, amante, dulce pareja
la que es soporte en la pena y la alegría
aquella que le roba tiempo a cada día
para entregar su amor, sin una queja

Como madre, no hay hijo que no quiera
dando la entrega que se da sin pedir nada
atiende y cuida con esmero su camada
y al defenderla, se convierte en una fiera

Flor sutil con pétalos de acero templado
estuche de ternura hecho de frágil cristal
combinación de contrastes, tan genial
de Dios, especialmente para ti creado

Ser, que con su imagen, todo lo bendice
adorno gentil que embellece la tierra
es tanto lo que tú nombre en si encierra
que sólo con decir Mujer, todo se dice.

NO PUEDE MORIR LA POESÍA

No puede nunca morir la poesía
cuando algunos suelen maltratarla
cada momento la siento, más mía
aunque intenten muchos acabarla

No creo, pueda terminar la poesía
mientras exista sensibilidad humana
la que lucha por brotar de día en día
al salir el sol, alumbrando la mañana

Reflejo que muestra amor por dentro
cuando mana como ola incontenible
como el rio va, del mar al encuentro
al hacer un suave son angelical audible

Verso, poesía, rima, simplemente poema
no me importa como quieran llamarlo
siempre del ser enamorado, será tema
por mucho que otros quieran ignorarlo

No importa vierta la mala intención
el indolente que intente estrangularla
pero mientras lata fuerte un corazón
no podrán sus enemigos, el matarla

Si sufro, si lloro, aun si yo muero
no desmayo manteniendo la porfía
si lo único que siempre sólo quiero
es que no acabe jamás, la poesía

LUIS GUTIÉRREZ PÉREZ

Nací en Cuba y a edad temprana inicié mi actividad literaria, participando de talleres literarios en mi natal Ciudad de la habana.
En 1990 y 1991 gané los concursos de relatos de los talleres literarios en la Habana Vieja, municipio en el que residía. También por esa fecha colaboré con el Diario "Tribuna De La Habana".
Así mismo en 1992 obtuve mención en el primer concurso de relatos "Cirilo Villaverde" y también en el concurso de cuentos del Municipio Guanabacoa.
Al tiempo me graduaba de técnico en Contabilidad. En 1993 emigré a los Estados Unidos, donde resido actualmente.
Participo en Talleres literarios y frecuento al "Club de Literatura" de Francisca Argüelles.

gutieperez@hotmail.com

Para mi mamá,
Caridad Pérez,
por su paciencia infinita.

Derechos reservados

MI PRIMA MADELÍN

Mi prima me mira con sus ojos redondos y breves y no me dice nada. Hace apenas instantes le hice una maldad. Mandé a mi gato Mico que orinara justo al lado de sus pies rosados. Ella se percató, pero prefirió no hacerlo notorio y continuó observando ese culebrón televisivo que parece nunca acabar y del que ella no se pierde ni un corte publicitario. Siempre observa la tele igual. Un camisón enorme y floreado con un pijama azul tenue y unas pantuflas rojo chillón. Madelín dice que es para darle suerte al protagonista, y que no termine ahogado en un canal como su papá y su hermano Rolo.

Madelín y su mamá Olga llegaron a mi casa con los primeros aguaceros de Mayo. Venían de un oscuro y anodino pueblito del interior, cerca de las montañas, en el que se presumía que el alcalde, un personaje de nariz recortada, barriga como tambor de circo y mirada ladina y empalagosa, era el presidente de la nación. Y los concejales eran como ángeles que sólo hacían su aparición justo en tiempos electorales. Y a pesar de lo extraño que parezca ellas los adoraban. Pero lo más significativo de su arribo fueron las doce maletas con las que llegaron a mi morada, todas rotuladas por fuera con distintos nombres. Yo iba a intentar ayudarlas con algunas, pero Olga se me paró enfrente y con sus más de seis pies de desgarbada y triste estatura me espeto: `Estas no. Son las ropas de mi esposo Celestino y mi hijo. Yo iba a preguntarle para que guardara ropas de muertos, pero de súbito sentí una mirada gélida, paralizadora. Era Madelín.

Desde el comienzo tuve problemas con ellas. Mi cuarto que era mi escondite y mi guarida a un tiempo tuve que cedérselo a Madelín y Olga. De nada valió que le prometiera a mi mamá mejores notas, y no practicar al fútbol dentro de la casa cogiendo al refrigerador como arco. Hijo, entiende su condición. Acaban de perder lo más importante en su vida. "Hay que ayudarlas". Después Madelín se aficionó a las telenovelas y ya no pude ver más películas en el plasma de la sala, pues las dos coincidan en horario. También se me impuso la tarea de alimentar a Madelín, pues a esa hora en la casa todos estaban trabajando, hasta la tía Olga, que había conseguido un empleo de cocinera en un restaurante cercano.

La primera vez que me tocó darle la comida a mi prima la dejé caer al piso. Fue como una revancha calculada y edificante. Ella me observaba, pero no hizo el intento de mover un músculo, ni emitir un sonido. Era como si estuviera muerta. Después llegó mi progenitora, y ante mi rostro francamente culpable e inicuo, le preguntó a Madelín: ¿Comiste bien? Yo me tapé la cara. Y Madelín alcanzando su pizarrita color metal desde la silla de rueda garabateó: la comida estuvo excelente. "Gracias".

En otra oportunidad hice un pacto con Mico, mi gato. Si él le dejaba una "gracia" a Madelín en la cama, yo le iba a comprar esa comida que tanto le gustaba. Mi gato cumplió. Y al poco rato escuché movimientos en el cuarto de ella, y fui hacia donde estaba. Madelín con todo su cuerpo parapléjico, casi inerte, luchaba por incorporarse en la silla de ruedas. Yo me quedé extasiado al verla. Había belleza en esa cruenta batalla, en la forma en que ella trataba de estirar sus brazos torcidos y torpes. Parecía una escuálida y débil plumita ante un vendaval. De pronto me observa y alcanzando la pizarrita escribió: "disculpa, sólo trato de limpiar la caca que el gato dejó".

Ayer Madelín estaba sentada frente al televisor. Y como yo no tenía nada que hacer me senté junto a ella buscando la oportunidad de provocarla y burlarme. De súbito ella comenzó a llorar. Eran como ríos de aguas quietas que se deslizaban por sus mejillas tiernas y cálidas. Los músculos de sus brazos inertes, secos, como que se tensionaron, y sus pies enfundados en más de una media querían echarse a andar, salir de allí como propulsados por una fuerza mayor. Yo me sorprendí un tanto y le espeté: ¿Qué te pasa? Ella me observó con sus ojos mudos, encharcados de agua. Y tomó la pizarrita: "En la novela un Bus cayó a un canal y todos se ahogaron. Y yo sentí que de ahí iban a salir mi papá Celestino y mi hermanito Rolo".

Era la oportunidad perfecta para reírme de ella y hacerla caer en las más bajas y crueles bromas, pero no pude. `Todos veníamos en la guagua, más de 30 personas y los únicos que fallecieron fueron ellos. A veces me pregunto: ¿Por qué Dios mío? ¿Qué pecado terrible o acto deleznable cometieron? Callé, y de súbito comprendí ese mundo de silencio y sombra que atenazaba a Madelín. Ese desgarrante dolor que se deslizaba por sus venas, haciendo que la felicidad fuera sólo una utopía y el futuro una posibilidad hueca y apócrifa.

Hoy mi mamá llegó como un huracán avasallante al sofá donde duermo desde que Madelín y Olga están en casa. El director de mi escuela la había llamado para anunciarle que hacía tres días que yo no iba a clases. No tenía excusas. Lo cierto era que no había asistido porque estuve jugando al fútbol en ese tiempo. Mi mamá estaba hecha una furia y en ese momento entraron Olga y Madelín. Enseguida se enteraron de lo que pasaba y mi tía me regañó también, pero Madelín observándome con sus ojos enormes escribió en su pizarrita: No lo regañen a él. La culpable soy yo. Estos tres días él me acompañó a la iglesia pues deseaba llevarle flores a mi papá y a mi hermano. "Perdóneme a mí".

Ahora ya todo ha pasado. Y a pesar que yo continuo haciéndole maldades a Madelín, ya nada es igual. Ella ya no es el estorbo que queremos ignorar. ¡Es alguien vivo! Más ahora que se ha comprado un vestido verde y quiere irse a pasear por las más populosas tiendas. Ha comprendido al fin que también Dios le tiene reservado algo y no tiene porque ser desagradable. Mientras yo amo a la nueva Madelín, la quiero; pero no le perdono que ahora mi gato me haga la "gracia" a mí.

FIN

EL DESAFÍO

Un día nos vestimos
de oro y gloria
Jugamos en yates,
Jets y súper autos
lucimos felices

Nuestro sol brilla
en la bolsa de valores
lucimos omnipotentes
dioses de humanos

Jesús
sólo nos parece un ejemplo
para tontos
la iglesia un compromiso
para lucir impoluto

El matrimonio algo temporal
y no probatorio
somos gigantes
nuestras estatuas
las edificamos en oro,
diamantes y marfil

¿Sin embargo que somos?
en la armonía de un arcoíris,
en la suavidad de un cielo
destilando estrellas

Disparamos, piedras a ciegas,
como ilusos.
el mundo no es cognoscible
cuando el ego marca la ruta

Sólo Dios lo entiende
él creó el mundo
cual paraíso
idílico y manso

Fuimos sangre Frágil
de sus venas infinitas
por nosotros sacrificó a su hijo
entre filosos clavos
a algunos no les importa

Un verbo tempestuoso
y hábil les hechiza
una ciencia que presume de Dios
les engrandece

No importa,
el señor esperará
que el casino cierre la puerta
y dejemos de amar al prójimo
con sonrisa apócrifa

Entonces se romperá
la coraza falaz y orgullosa
 por fin,
amaremos a Dios
con el corazón,
la mente y el alma
¡Este es el desafío!

FERNANDO "FERNAN" HERNÁNDEZ

Nació en 1952 en Banes, Cuba. Salió de Cuba en 1962 en la llamada "Operación Pedro Pan". Con escasos 9 años junto a su hermano Luisito de 11, fueron separados de su familia, amigos y su bella isla.
Volvieron a reencontrarse con sus padres después de casi 4 años de separación. Se crío en New York en casa de sus tíos Gloria y Fernando Domínguez, a la edad de 21 años tomo la decisión de trasladarse a Miami, lugar vigente de residencia.
Graduado de St. Thomas University en Miami con un BA en Comunicaciones y una Maestría en Administración.
Trabajo años en la industria farmacéutica como representante de ventas. En la actualidad es profesor en Carlos Albizu University y Everest Institute.
Fernan lleva 34 años de feliz matrimonio con Josie y tienen dos hijos ya adultos. Cuando no está escribiendo, aspira ser el mejor esposo y padre de este lado del Atlántico.
Entre sus obras literarias de cuentos cortos encontramos:

Potaje «www.alexlib.com/potaje» Publicado en el 2008
Lo que aprendí de mi perro «www.alexlib.com/miperro», Publicado en el 2009
Está en el proceso de publicar un libro en ingles sobre el legado de los cubanos-americanos en Estados Unidos desde los 1800s hasta la actualidad.

fernpa@hotmail.com

A: Josie, mi esposa:
Recibe de este humilde escritor un profundo agradecimiento, por tener esa paciencia inagotable, mientras he pasado largas horas en frente de la computadora buscando las palabras apropiadas para expresar el sentir de mi corazón y de mi alma.
Gracias amor mío.

© 2010, Fernando Hernández
Derechos reservados

¡ORDENE COMANDANTE!

Catalino González, un guajiro de tierra adentro cerca de Holguín, Cuba, acaba de ser nombrado Embajador Especial de Cuba en las Naciones Unidas. Este nombramiento es parte de la nueva etapa de apertura política iniciada por Raúl Castro, el hermano menor del Máximo Líder. Raúl considera que la democracia cubana es superior a todos los sistemas políticos del mundo y al conferir este título a Catalino, demuestra que en la isla hasta el más humilde ciudadano participa activamente en el proceso político.

¿Y cómo llegó Catalino a tan alta posición dentro del gobierno? Un día estaba vendiendo unos plátanos machos a dos turistas españoles cuando observó un letrero en la carretera que anunciaba un concurso cuyo primer premio era una estadía en Nueva York representando a Cuba. Esto lo intrigó; él solamente había viajado a Santiago de Cuba para cumplir una promesa a la Caridad del Cobre por el nacimiento de Porfirio, un hermoso novillo. La idea de viajar fuera de su país y conocer el imperio imperialista yankee lo impulso a llenar una aplicación en el centro más cercano del Comité de Defensa de la Revolución. Allí un mulato de mal humor y pocos dientes le dijo que por fin alguien había pasado a interesarse por dicha oferta.

Al llegar a su bohío Catalino le cuenta a su esposa, Fredesvinda, lo ocurrido. Ella, involucrada en cocinar un potaje de chícharo, no entiende porque él está interesado.

Pero mijo, ¿pa qué te vas a meter en eso?

Mujer, la patria llama y hay que cumplir, caray. Si tengo suerte representaré a Cuba con la frente tan alta como las palmas; además, pondré a los imperialistas en su lugar...

Bueno, quizás puedas visitar a tu primo Gervasio en New Jersey y darle las gracias por los calzoncillos y desodorante que nos envió con tía Eulalia.

No sé, chica. Ya tendría yo que pensarlo, los calzoncillos eran de marca KMart y me causaron picazón tu sabes dónde.

Catalino deja a su esposa en la cocina y atiende a sus cerdos y gallinas. El mira el viejo excusado, con un techo de zinc que gotea cada vez que llueve, y sabe que después de 50 años de la Revolución, la culpa de tener que usarlo es de los odiados americanos. El miserable e inhumano embargo lo obliga a hacer caca bajo las estrellas. El gobierno cubano no tiene dinero para mejorar las condiciones de campesinos como él, por lo menos eso es lo que le informa Florindo Gavilán, de la Asamblea del Poder Popular, cuando lo visita en su carro nuevo. Pero Catalino, un guajiro de pecho ancho y poco pelo, está dispuesto a vaciar su intestino medio siglo más en esas condiciones si el sacrificio logra el rendimiento de Washington.

Dos meses después mientras él y su mujer desayunaban pan duro con café sin leche, un oficial del Ministerio del Interior los visita.

¿Catalino González?

Si compay, ese mismo soy yo. Dígame en que lo puedo ayudar.

Mi nombre es Anacleto Vega. Me notificaron que usted participo en un sorteo del gobierno para representar a Cuba antes las Naciones Unidas. ¿Es correcto?

Si bien recuerdo, si señor. Le juro por ese hermoso platanar que llené la planilla.

Bueno, tengo buenas noticias. El Comité Central del Partido Comunista, después de mucho estudio, lo ha seleccionado como el Embajador Especial de Cuba en las Naciones Unidas. Lo elegimos después de un examen meticuloso.

Oiga señor... a mí nadie me ha metido nada por el cu...

"Je, je, je", mire señor, eso significa que los camaradas del Partido lo escogieron entre muchos candidatos. Considérese dichoso compañero; es un gran honor defender la Revolución en el mismo corazón de los capitalistas.

Usted me perdona compay, ¿pero qué tengo que hacer yo ahora?

Mañana viajara a La Habana a completar un entrenamiento de una semana lo cual es necesario para poder enfrentar las múltiples responsabilidades que le esperan en Nueva York. La más importante es cuando usted hable ante la Asamblea General de las Naciones Unidas. En esa ocasión usted va a demostrarle al mundo el alto nivel cultural, político, patriótico y revolucionario del pueblo cubano. Su discurso va a estremecer al imperio y pondrá los logros de nuestra Revolución a la cabeza en América latina.

Catalino calla y por primera vez piensa que se ha metido en camisa de once varas. El no tiene experiencia como orador público y apenas sabe leer; normalmente emplea el *Granma* y *Juventud Rebelde* cuando cumple con sus obligaciones en el excusado. Pero por lo que ha podido entender, parece que solamente tendrá que leer cuidadosamente un discurso preparado ante mano.

Hacia La Habana fue el guajiro de Oriente, su querida esposa quedó atrás, mascando tabaco y sollozando. El sabe que ella es muy trabajadora y si tiene alguna necesidad en los afanes de la finca, su suegro Rufino estará presente para ayudar en lo que sea. Antes de marcharse Catalino se despide de su gallina favorita Fefita, y de su vaca lechera, Clotilde. Besa a su guajira, deposita unos centavos prietos al lado de un vaso de agua ante la estatua de San Lázaro, y sin mirar atrás, toma asiento en el vehículo del Ministerio del Interior.

Compañero, mi nombre es Hipólito Primitivo Ruiz, pero desde que me nombraron jefe del Comité de Defensa de la Revolución en mi cuadra, todos me conocen por H.P. Si usted tiene algún problema a su regreso, no titubee en buscarme en Holguín, nada más pregunte por mi e inmediatamente me buscan; yo soy el único H.P. en el barrio.

Los primeros días en la capital fueron de paseo, lo llevaron al zoológico donde Catalino observó cuan flacos estaban los leones y elefantes. También lo pasearon por el Malecón y hasta tomó un mojito en la Bodeguita del Medio. No le gustó el trago, el sabor le hizo recordar a orina de chivo. Pero reconoció que toda esta excursión por la Habana era necesaria antes de comenzar su intenso entrenamiento cuyo resultado sería un ciudadano listo y digno de defender los destinos de Cuba en la ciudad de los rascacielos.

Le sorprendió que solamente tuviera un día de preparación mientras estuvo en La Habana. Fue un taller donde le explicaron la importancia de hablar enérgicamente al enfatizar puntos clave del discurso que un miembro del Partido había confeccionado especialmente para su charla en las Naciones Unidas. Los ideólogos del Partido tenían gran interés que un cubano simple, agricultor como Catalino representara al país; de esa forma el mundo conocería que Cuba estaba a la cabeza en representación democrática, mucho más superior que los países de la Unión Europea y los mismos Estados Unidos.

Catalino leyó aquel discurso una y otra vez; los ideólogos lo interrumpían constantemente para corregir su pronunciación. Cada vez que tenía que repetir alguna palabra o frase dificultosa, Catalino se acordaba de su mujer, sus animales y el simple pero acogedor bohío que lo esperaba. Pero entendía que tenía que cumplir con esta misión internacionalista; también estaba consciente que le habían prometido agua potable y plomería para su bohío si desempeñaba bien el cargo en Nueva York. Catalino trato de negociar luz eléctrica para su finca pero fue rechazado de inmediato, si le dieron por escrito la entrega de tres linternas chinas cada cuatro meses.

Al final del periodo de preparación supo que su misión terminaría al concluir su discurso ante la Asamblea General. Parece que Catalino escucho algunos ideólogos decir que, "tenemos que buscar un negro bien retinto para enviarlo a la próxima sesión de la ONU, a este campesino hay que devolverlo lo antes posible". Pero él no se molestó, le gustaba la idea que los dirigentes escogieran cubanos corrientes como él para tan importante cargo.

Los nervios se apoderaron de Catalino al subir al avión que lo transportaría al imperialismo. Era su primera vez a bordo de un *jet*, el ruido de los motores lo atemorizaron tanto que le dio cagaleras. Un agente de la Seguridad del Estado, un fornido ex boxeador llamado Fructuoso Del Oro, lo acompaño al servicio del aparato. Al bajar la tapa y sentarse, Catalino sin darse cuenta coloca su codo en la palanca del inodoro y lo descarga. El sonido descomunal que hace asusta al pobre guajiro, este brinca y riega el baño con los restos de los huevos fritos, jamón, tostadas y café con leche que comió para el desayuno apenas dos horas antes. Gracias a Dios alguien dejo un ejemplar del *Granma* y como siempre, lo puso a buen uso y limpió el sitio.

Al llegar a Nueva York fue llevado rápidamente en una limosina a un lujoso hotel cerca de la sede de la ONU. Como Catalino se bajó mareado de la nave, paso el recorrido del aeropuerto dormido, sin apenas darle un vistazo a los rascacielos de Manhattan. Fructuoso era su constante acompañante y no lo dejaba fuera de su vista. Este le aconsejo que no hablara con nadie que no fuera de la delegación oficial cubana; el exilio cubano tenía muchos espías y quizás el fuera blanco de un secuestro o algo peor. Su estadía en la Gran Manzana seria de menos de 48 horas, tan pronto concluida su presentación Catalino regresaría a Cuba, misión cumplida. Ahora solamente quedaba una meta: aprenderse lo mejor posible su exposición que pronunciara ante el mundo entero.

Los ideólogos cubanos estaban seguros que Catalino iba a batear un jonrón. Con una guayabera blanca, sombrero de yarey y un machete colgando en la cintura, este cubanito sería la estrella que todos aclamarían, especialmente en los países del Tercer Mundo. Además, sus palabras contra el imperialismo yankee y su defensa de la alianza Castro-Chávez sería la culminación brillante de una estrategia propagandista.

La noche antes del evento, Catalino fue forzado a practicar su discurso ante la mirada desconfiada de sus guardianes. Una y otra vez gesticulaba como le habían enseñado; entre descansos mostraban videos de Fidel y Hitler para que Catalino tomara notas y puliera su estilo al declamar. Todo este esfuerzo lo agotó y ya tenía ansias de hablar para poder regresar a su finca y a su guajira.

Por fin llegó el día tan esperado. Bajo una fuerte escolta fue llevado a las Naciones Unidas; su atuendo poco típico causo interés en un policía metropolitano que comento, *"Hey, Halloween is next month!"* Catalino preguntó a uno de sus guardaespaldas el significado y este le contesto que el oficial le daba la bienvenida a la ciudad. En Cuba le habían dicho que el pueblo americano simpatizaba con la Revolución y aquí estaba una prueba contundente. Catalino se acomodó junto a la delegación cubana, a unos pasos del podio donde el haría uso de la palabra.

Después de algunas declaraciones protocolares del maestro de ceremonias, el diplomático tailandés Tokando Wawanco, la Embajadora cubana en las Naciones Unidas, la Dra. Felicia Facilita, ofrece unas palabras de agradecimiento al cuerpo diplomático por la oportunidad de que un hombre común, en este caso, Catalino Crispín González, exprese el sentir del pueblo cubano en el foro más importante del planeta.

Quiero que sepan, amables diplomáticos, que van a escuchar la voz de Cuba a través de un humilde hombre que es el símbolo del Hombre Nuevo de la Revolución. Este simple campesino representa el presente y futuro de nuestra patria. Pero vamos a escuchar detenidamente lo que Catalino González tiene que decirnos sobre la verdad de la Cuba de hoy, cuando la batalla por la sobre vivencia de la humanidad está en juego. ¡Vamos a darle una calurosa bienvenida al Embajador Especial de Cuba en las Naciones Unidas!

En medio de los aplausos un delegado cubano le da un codazo a Catalino, que estaba medio dormido. Este se para abruptamente y se dirige al podio, coloca el machete y el sombrero en una mesita cercana siguiendo las instrucciones de la noche anterior. Catalino nota que todos los ojos están fijos en él, la inmensa multitud presente en la sala lo pone nervioso. El revisa un bolsillo, después el otro pero nada. Entonces su mano derecha navega por la guayabera y se da cuenta que todos los escondites están vacante. ¡Se le olvido llevar el discurso!

Catalino da la media vuelta, dirige su mirada con una sonrisa desconcertada a la delegación cubana, ellos tienen las manos en las cabezas y las bocas abiertas. Pero Catalino no es cobarde, tiene que cumplir su histórica visita y así lo hará, aunque tenga que improvisar. Nunca había hablado en público y con los nervios alborotados, se le olvida todo lo que había practicado del discurso oficial. Pensando en Clotilde y Fefita, Catalino sabe que no puede perder los estribos en una hora tan crucial para Cuba. Mira con curiosidad a un diputado enano de Mongolia sentado en la primera fila, respira profundamente y comienza hablar.

Damas y damos. Mi nombre es Catalino González, yo soy un guajiro cubano. Yo no sabo mucho de educación, por favor no soy tan escribido y leído como ustedes, personas muy extinguidas. Yo nunca sabía nada de política ni de diplomáticos, yo nada más sabia de un pudín diplomático que me jame ayer. Así que haré lo mejor posible para que conozcan algo de Cuba.

Mi mujer y yo llevamos una pila de años cagando en un excusado que gotea cuando papá Dios manda lluvia. Yo entiendo que el gobierno Revolucionario no es culpable, debido al embargo de los imperialistas norteamericanos, de arreglar nuestra situación. Pero lo que yo no comprendo es porque el dirigente del Partido en Holguín tiene una casa grande y moderna, un refrigerador lleno de comida, y nosotros estamos igualitos como 1959. Pero acepto que la culpa es de los yankees.

Ah, otra cosa me molesta a mí. En mi tierra yo trabajo más que mis bueyes Toribio y Apolonio; después los del Comité de la Defensa de la Revolución vienen por mi finca a pedir favores como que le regale frutas, carne de puerco y gallinas para celebrar un motivito. Pero mis compays, ellos después los veo por allí vendiendo lo que regalé a un precio alto y en dólares. Yo creo que es un abuso. Seguramente si Fidel o Raúl supieran de esto, se acabaría de muy pronto. Pero los pobrecitos, tienen tanto trabajo que no saben. Quizás todo esto sea culpa del embargo americano.

Gracias doy a mi gobierno porque en Cuba cualquier turista puede venir y recibir la mejor atención médica en los más modernos hospitales. Menos mal que los extranjeros no pasan el mal rato como nosotros del campo, que cada vez que padecemos de un cólico nefrítico la doctora de la clínica nos da una aspirina y nos manda para la casa. También acepto que no tenemos antibióticos porque se lo vendemos a países menos desarrollados. Me duele que los gusanos del exilio digan que los cubanos se acuestan con hambre. Eso es una gran mentira, desde el triunfo de la Revolución aprendimos a dormir parados. ¡Abajo con los yankees!

Quiero decir que todito el mundo en Cuba sabe leer y escribir. Tenemos mujeres y gente negra que se han superado gracias a la educación. Una gran cosa es que tenemos prostitutas con educación universitaria; ¿díganme, en que otro país se ha logrado eso? Estas muchachas no son capitalistas, comparten sus encantos por una cena, un perfume o un vestido bonito. Ellas ayudan a la economía del país y al mismo tiempo combaten la agresión americana, disfrazada en propaganda subversiva como la revista *Selecciones*. No solamente son jineteras las universitarias, a veces son acompañadas por sus profesoras, que ganan unos chavitos adicionales y después compran lápices para los infelices niños de África.

Otro adelanto, que creo que ningún otro pueblo disfruta, es la tarjeta de racionamiento. Gracias a esta tarjeta tenemos garantizado que el hambre sea para todos, menos para los del Partido. Sabemos que la cuota nos dura más o menos 15 días; después nos la tenemos que zapatear para resolver. Pero la Revolución es noble, es una brillante idea para que los hoteles de los turistas tengan de lo mejor, es un sacrificio que hacemos para llenar las arcas del gobierno y así poder ayudar a los pueblos que viven en miseria, como Canadá. Además, eso de hacer colas por horas en busca de alimentos es saludable, uno hace ejercicio caminando de cola en cola y, aunque casi nunca encuentra nada, conoce gente interesante. Yo tengo un compay que se queja de la buena vida que tienen los hijos de la jerarquía del Partido; pero yo digo que tiene que ser de esa forma, ellos se están preparando para defendernos de la invasión americana programada para el 2045.

Mi primo Esmeraldo, que vive en Matanzas, me contó de los cambios en la industria turística. Escucho unos dirigentes discutir la próxima apertura de un centro turístico para esquiar localizado en el Pico Turquino. La brillante idea nace después de una borrachera de un hijo de Fidel, que quiere traer, remolcado desde el Polo Norte, amarrados con cables de hierro, gigantes icebergs. El piensa que como hay tantos negros fuertes desempleados en Santiago de Cuba, podrán transportar los trozos de hielo a la cima y así, con la ayuda de expertos Sandinistas, construir las pistas de esquiar. El considera que la entrada se debe cobrar en dólares, euros y tarjetas de crédito como American Express y MasterCard.

Bueno ya quiero terminar. Estoy agradecido al Partido porque Cuba hoy está llena de gente flaca, no tenemos nada de problemas con la obesidad. Como el gobierno siempre está preocupado por nuestra salud, han limitado el transporte público y los carros particulares; el cubano ahora tiene la ventaja de ir caminando a su trabajo o colegio, no importa si le queda a tres o cuatro millas de distancia. Mientras más lejos, mejor. Leí en *Granma* que los políticos nuestros están estudiando la posibilidad de exportar esta práctica, en Cuba evitamos la contaminación ambiental y nadie tiene problemas con el colesterol. También en ese periódico nos dicen que nuestros médicos están curando la diabetes con transfusiones de guarapo. Raúl Castro aseguro que ganaremos el Premio Nobel de la Medicina. Compañeros, muchas gracias por su atención, creo que ya debo espantar la mula.

Catalino se aparta del podio y nota la mirada perpleja del público. Desde el fondo del salón se escucha el débil aplauso de un conserje. Al aproximarse a la delegación cubana, ve a la Dra. Facilita en el piso desmayada, agarrada de su Louis Vitton, y con la lengua afuera, rodeada de un equipo de médicos, infructuosamente suministrándole oxigeno.

FIN

EL CUBANO HABLA ASÍ...

Nosotros los cubanos no somos mal hablaos
No somos bulliciosos, ni tampoco exageraos
No nos equivocamos, la culpa nunca es nuestra
El otro es responsable porque es un come...

Nosotros los cubanos de Marisela Verena

El cubano no se emborracha...coge tremenda nota/coge un peo/jalao
El cubano no está cansado...esta hecho leña/esta desbaratado/esta hecho m...
El cubano no baila...echa un pie
El cubano no se va...espanta la mula
El cubano no orina...le cambia el agua a los pececitos/al pajarito
El cubano no es alto...es una vara de tumbar gatos
El cubano no dice que la persona es tonta...dice que es un come bolas
El cubano no dice que la persona es un idiota...dice que es un come...
El cubano no dice que la persona molesta...dice que la persona jode/jeringa/chiva
El cubano no dice que la persona es pobre...dice que la persona no tiene donde caerse muerto
El cubano no se aprovecha...coge los mangos bajitos
El cubano no dice que es viejo...dice que tiene juventud acumulada
El cubano no dice que comió mucho...dice que comió como un animal
El cubano no dice que tiene que ir a defecar...dice que tiene que cagar
El cubano no se muere...le da una patada a la lata/canta el manisero/cuelga el sable/se ñamaba
Al cubano no lo matan...lo madrugan/lo pasan por la piedra/le pasan la cuenta

El cubano no habla demasiado...da tremenda muela/habla hasta por los codos
El cubano no es tacaño…es duro/camina con los codos
El cubano no es infiel...pega los tarros
El cubano no es bizco...tiene un ojo entretenido y el otro comiendo m…
El cubano viejo no es romántico...es un viejo verde
El cubano no es calvo...tiene una bola de billar
El cubano no le da importancia...se caga de la noticia
El cubano no se ríe...se mea de la risa
La mujer cubana no es nalgona...es culona
El cubano no enamora...liga una jeba
El cubano no se enfada...coge tremendo berrinche/se encabrona
Al cubano las cosas no se le ponen peor...van de Guatemala a Guatepeor
El cubano no dice que guarda secretos...no suelta prendas
El cubano no va a comer...va a jamar
Al cubano no lo expulsan...lo botan
El cubano no dice que la mujer es linda...dice que es un monstruo/ monumento/ animal
El cubano no dice que está muy lejos...dice que está en casa del carajo
El cubano no dice que es costoso...dice que cuesta un huevo y la mitad de otro/un ojo de la cara
El cubano no dice que costó 1,000 dólares...dice que costó 1,000 cabillas
El cubano no dice que la persona es bruta...dice que si cae, come hierba
El cubano no dice que la temperatura bajo...dice que hace un frió del carajo
El cubano no dice que hubo un complot...dice que aquí hay piña
El cubano no trabaja... Busca los frijoles
El cubano no busca trabajo...busca una pega/pincha
El cubano no dice que la situación esta difícil…dice que la cosa esta de madre
El cubano no dice que no tiene dinero…dice que esta arrancao
El cubano no dice que llega pronto…dice que llega en un dos por tres
El cubano no dice que vive cerca...dice que vive a una patada

El cubano no dice que quedaron mal con el…dice que lo embarcaron
El cubano no dice que tiene descomposición estomacal…dice que tiene cagaleras
El cubano no se asusta…se caga en los pantalones
El cubano no es inteligente…es una lumbrera
El cubano no busca un problema…busca un rollo
El cubano no gasta en exceso…tira la casa por la ventana
El cubano no se compra el carro más lujoso…se compra uno con todos los hierros
El cubano no es un experto en algo… es un bárbaro
El cubano no se baja… se apea.
El cubano no es desordenado… forma un arroz con mango, forma una cagazon
El cubano no forma un alboroto… arma un 20 de mayo.
El cubano no es pretencioso… se da lija o cachet
El cubano no dice que se la pusieron difícil… dice que se la pusieron en China
El cubano no trabaja gratis… trabaja para el ingles
El cubano no trabaja en exceso… trabaja como un negro
El cubano no tiene mala suerte… tiene un chino atravesado
El cubano no tiene problemas económicos… se está comiendo un cable.
El cubano no falla un examen… lo cuelgan
El cubano no llama por teléfono… da un telefonazo
El cubano no dice que cobra sin tener que trabajar… tiene una botella
El cubano no suplica… da una coba
El cubano no dice que una mujer es inmoral… dice que tiene mucho millaje
El cubano no dice que algo es asombroso… dice que es de película
El cubano no dice que el hijo se parece al padre…dice que es cagaito al padre
El cubano no increpa a alguien… el cubano lo pone como un zapato
El cubano no intercede… el cubano pone una piedra
El cubano no baile bien… es un trompo
El cubano no es el responsable… es el que corta el bacalao
El cubano no roba… se lleva hasta los clavos
El cubano no dice que hay poca gente… dice que hay cuatro gatos.
El cubano no engaña… el cubano hace un cuento chino.

El cubano no se asombra, dice ¡es de película!
El cubano no se sube... se encarama
El cubano no cae... se destimbala
El cubano no es pícaro... es candela
El cubano no corre... echa un patín
El cubano no ignora a alguien... lo tira a mondongo
El cubano no está delgado... es un esqueleto rumbero
El cubano no consigue... resuelve
El cubano no te golpea... te rompe la siquitrilla
El cubano no se preocupa...coge lucha
El cubano no está de mal humor...tiene el moño virado
El cubano no evita trabajar duro...está tirando un majá
El cubano no es hijo de padres ricos...es un niño bitongo
El cubano no da una bofetada...le suena un sopapo
Los cubanos no besan...se dan tremendo mate
El cubano no padece de problemas mentales...le patina el coco
El cubano no forma peleas...forma un salpafuera
El cubano no habla tonterías...come lo que pica el pollo
El cubano no pide que te decidas...pide que te peines o te hagas papelillos
El cubano no es un mal chofer...es un paragüero
El cubano no está en dos lugares simultáneamente...está en la misa y en la procesión
El cubano no insiste...sigue con la misma matraquilla.
El cubano no es alardoso sin actuar...es buche pluma na'ma
El cubano no dice que va a enfriar...dice que va a chiflar el mono

ARMANDO LUIS LACACI GARCÍA

Nací el 7 de diciembre de 1968, en La Habana, Cuba

Que no me vean poeta,
pues no soy un escritor,
por sólo dedicarle versos
a la vida y el amor;
trato en cada poesía
una historia y situación,
con todo mi sentimiento,
la verdad y su razón.

En cada frase y comentario
y hasta en cada reflexión,
he abierto mi alma
con infinita pasión;
mi objetivo es sólo uno,
el mensaje y la lección,
que humildemente ofrezco
desde mi corazón.

armandolacaci@yahoo.com

Donde hay un ser, hay vida;
donde hay vida, hay amor
y donde hay amor,
siempre habrá esperanza

© 2010, Armando Luis Lacaci García
Derechos reservados

REFLEXIONES EN VERSOS

¿Cuánto conoces al hombre?
¿Cuánto te puede ser fiel?
Sácalo de su medio,
pon en sus manos poder.

¿Dónde está el Señor?
¿Dónde están los Santos?
Ante tanta destrucción
con los humanos;
¿Dónde está el futuro?
¿Dónde está el respaldo?
En poder del destructor,
en sus propias manos.

Se derrocha talento,
para a la luna estudiar;
y el futuro del planeta,
está en el fondo del mar.

El pasado fue seguro,
el futuro está por ver,
el presente es lo cierto
y donde hay que florecer.

SE PUEDE

Creían que no podía, que no lo lograría y aun lo dudan; se cuestionan mi osadía y es porque no creen en la grandeza y el valor del hombre «digo hombre como especie y ser»; porque no son capaces de apreciarse a sí mismos, le temen a sus propias limitaciones y errores, e ignoran que son inevitables y que precisamente superarlos, es lo que nos desarrolla y particulariza.

>Dependiente peón de la vida,
>monótono ser andante,
>desusado pensamiento
>detenido y frustrante;
>despierta y libera la luz
>que hay en ti, en tu variante,
>activa al creador
>del futuro y su constante.

Se puede – claro que sí – yo pude y no porque fui o habría sido más que ustedes; pude precisamente por sus vivencias e historias; porque sencillamente me decidí a escribirlas y sin temor de violar las técnicas que han utilizado y recomiendan los expertos y entendidos de la literatura.
Hoy escribo; porque lo hago para… y como lo harían ustedes, sin frases rebuscadas, pero con respeto y claridad, tal como nos tratamos y comportamos día a día, con naturalidad y confianza; porque ustedes también pueden.

>No deben sentir temor,
>ni pena al escribir versos,
>sólo compartan historias
>narrándolas por sus hechos;
>escriban, yo se los pido
>y no duden del resultado,
>que en mí siempre
>habrá un lector,
>agradecido y soñado.

A JOSÉ MARTÍ

Un asesino robó,
tu simbólica Rosa Blanca;
traicionando a los patriotas,
que dieron su mano franca.

Y en Julio como en Enero,
se ocultó en tu Rosa Blanca;
para ensangrentar tu pueblo
y luego esclavizar tu patria.

Creíste vivir en el monstruo,
conociendo sus entrañas;
pero este ultrajó tu obra,
hiriendo a tu Rosa Blanca.

Gracias por el silencio,
que enseñaste a mi alma;
para lograr los sueños,
de tu hábil Rosa Blanca.

Ese dictador cruel,
que hoy mi corazón arranca;
muy pronto sufrirá el sepulcro,
de tu fértil Rosa Blanca.

DAMAS DE BLANCO

Glorias, que unidas marchan,
exigiendo libertad,
para esposos, hijos y hermanos,
torturados con crueldad.

Elegantes, alzan sus brazos,
como su apóstol… "Orador";
para con sus Rosas blancas,
darle el jaque al dictador.

Bellezas, que en silencio,
hacen eco de la voz;
de un enmudecido pueblo,
por el tirano opresor.

Marianas indetenibles,
ante la cobarde acción;
de adulones que ultrajan,
el honor de su nación.

Diosas de esperanza,
que superan el dolor;
la patria las aclama,
con respeto y con amor.

"Damas"…De almas despojadas,
hoy el mundo se arropó
y como ustedes… "De blanco"…
¡Reclama liberación!

EDUCADORA

Hermosa es tu tarea
de sublime educación;
manantial de la ternura,
creadora de ilusión,
talento de sima a cima
exportadora de valor;
paloma mensajera,
desbordante de color.

Hermosa es tu tarea
con el niño y el mayor;
imágenes de sueños
despierta tu lección,
fatigada e inflexible,
ofreces el sabor,
del sublime sacrificio,
de tu fiel dedicación.

Hermosa es tu tarea;
la elegida con amor,
que disfrutas cuando abres,
como rosa, el corazón;
melodía inigualable,
la que emanas
de tu voz,
seda conductora,
de un futuro emprendedor.

¡Gracias por hermosa!
Viva reina en flor;
rogaremos por tu suerte,
juntos todos
con amor.

¡CELIA CRUZ!

Celia la guarachera,
con su ritmo endulzo;
los corazones del mundo,
contagiados por su son.

¡Azúcar!
Gritaba la negra,
alborotando el panal;
de la fiesta que comenzaba
y no veía final.

Celia la rumbera,
siempre vistió el color;
de su patria y su bandera,
que añoraba con dolor.

¡Azúcar!
Coreaba el pueblo,
como ella lo pidió;
para que en su sepelio,
le diéramos un adiós.

Celia murió en el norte,
pero el sur perdió su luz;
Miami siguió su coche
y la Habana honro su cruz.

MI ABUELITA

Eres la más bonita
tierna y excepcional;
la que mima y regaña
la única e incondicional.

Tu corazón ha sufrido
por salud y emocional;
pero como fiel madre
luces sensacional.

Caramelo dominante,
tilo en cráter de volcán;
presumida caminante
ceremonia de galán.

Vigilante atenta
celosa hasta enojar;
irrepetible tesoro
ceiba que sabe amar.

Dos veces bisabuela
tres abuela y una mamá;
tú eres mi Virgen… "María",
por quien oro al despertar.

TÚ EN EL SEXO

Tras esa mirada apasionada,
la puesta de tus parpados
anuncian el comienzo
de la más corta
e interminable tarde
de mi vida;
donde me aclimato,
a la fiebre
de un tembloroso abrazo
escoltado por un – ¡Te amo!-
que escapa
de tus excitantes labios.

Son tus piernas
la gran puerta
que se abre al compás
de la melodía de mis besos;
para que mis tiernos contactos,
hagan realidad
el infinito placer
de un añorado sueño;
que aun viviéndolo,
sigue siendo un sueño.

A UNA DAMA

Una encantadora dama,
me inspira al hablar,
me hace tinta de poemas
y esto voy a regalar.

una avispada dama,
se aventura al azar,
como tierna mariposa
fatigada por el mar.

Una codiciada dama,
diamante, perla, coral,
Ángel como el agua
donde nace el manantial.

Una excepcional dama,
amiga, sueño natural,
hermana, belleza viva,
como esposa, nada igual.

MIS VERSOS

Yo con mi tinta hago,
más que el cura con su cruz;
te decoro con un verso,
para que el sol tome luz.

Inspirarse en ti compensa,
la fatiga del desvelo;
para que el último verso,
sea el comienzo de un vuelo.

Yo no sacrifico el sueño,
aunque no pueda dormir;
por cultivar los versos,
que te logren describir.

Bello es descansar de noche,
con recíproco placer
para florecer los versos,
como un ángel al querer.

No das opción a mi vida,
sólo en ti, se ahoga el mar;
creo tu obra en versos,
con mis versos para amar.

¿QUÉ HARÍAS?

¿Qué harías...
Si en ti confío
y deposito mi suerte?
¿velarías por mi vida?
O...
¿Lucharías por mi muerte?

¿Qué harías...
Si a ti dispongo,
mi alma y mi corazón?
¿Aceptarías la entrega?
O...
¿Cultivarías dolor?

¿Qué harías...
Si a ti me ofrezco
y me arriesgara a morir ?
¿Me tomarías por tu héroe?
O...
¿Me dejarías partir?

¿Qué harías...
Si yo te amara,
bajo cualquier condición?
¿Me amarías también?
O...
¿Sepultarías mi amor?

Sólo yo,
se lo qué harías
y tú,
lo que haría yo;
pero jamás lograrías,
amar, como te amo yo.

"INFIDELIDAD"

¿Qué posees,
qué les falta a ellas?
¿Qué tengo,
qué no hallas en él?
Eres pregunta
y respuesta;
soy la duda
de un tal vez.

¿Qué pedí,
qué no dieron ellas?
¿Qué deseabas,
qué no dio él?
Eres realidad
de sueño;
soy un sueño
por creer.

¿Qué desbordas,
qué escasea en ellas?
¿Qué poseo,
qué esperabas de él?
Eres interioridad
y belleza;
soy respeto
y honradez.

¿Qué ofreces,
qué no pueden ellas?
¿Qué florezco,
qué dañaba él?
Eres semilla
de esperanza;
soy el fruto
de un querer.

¿Qué lograste,
qué no vieron ellas?
¿Qué disfruto,
qué no hizo él?
Tú...
El fin de mi carrera;
yo...
Tu hermoso amanecer.

COMO NOS CONOCIMOS

¡Buenos días preciosa!
¿Cómo te haces llamar?
Luces pétalos de rosa,
como la espuma del mar.

Yo me llamo Estrella,
así me puso mamá;
¿Y usted como se llama?
¡No me digas que Coral!

-No- el mío es Santo,
me lo puso papá;
y en casa soy el encanto,
de abuelita y de mamá.

¡Qué lindo!
¿Vives con tu abuelita?
¿De quién es la mamá?

¡Gracias por lo de lindo!
Eso me hace feliz;
me siento pichón de nido,
un polluelito aprendiz.

¡Pero… Qué atrevido eres!
Yo no lo digo por ti;
lo digo por tu abuelita;
porque la tienes aquí.

Es verdad, soy atrevido,
mira, que te lo creí;
es la mamá de mi mami,
fue con ella que crecí.

Las mías fueron muy buenas;
pero a las dos las perdí;
sólo tengo un abuelito;
pero no vive aquí.

¿Donde vive?
¿Es muy viejito?
Yo los míos los perdí;
¿Tienes familia en Cuba?
Toda la mía esta aquí.

Mi abuelito tiene ochenta
y es el padre de mamá;
todos viven en Placetas
y mi hermano en Panamá.

Estrellita soñada
¿Dónde prefieres brillar?
¿En los sueños de Hada,
o en el fondo del mar?

¡Gracias por tus halagos!
pero prefiero llorar;
suelo venir al lago,
para mis penas ahogar.

Bueno te propongo algo,
que te haría florecer;
la custodia de este Santo,
al que puedes renacer.

¿Cómo me cuidarías?
¿Qué me puedes ofrecer?
¿Qué tanto podrías,
con lo que puedo querer?

Tú serias mi Estrella,
yo tu Santo salvador
y pongo en tus manos bellas,
la nobleza de mi honor.

Eso es lo que dicen todos,
cuando pretenden jugar
y mienten hasta los codos
para sus metas lograr.

Pero…tú sí que has sufrido,
¿Por qué me juzgas así?
Si yo fui el elegido
para que seas feliz.

¡Muchachito!...¡Muchachito!
Deja ya de insistir,
que mi gran corazoncito,
se ha cansado de sufrir.

¡Ok!... Tú te lo pierdes,
dejaras de disfrutar;
del hombre que te comprende
y te desea curar.

Tú sí que me das risa
y quizás tengas razón;
pero yo no tengo prisa,
en abrir mi corazón.

¡Bien!...Dame tu teléfono,
o una foto a color;
para con gusto en tono,
hacer mis sueños de amor.

Dame el tuyo loquito,
lo juro, te llamaré;
pero pórtate bonito
que muy pronto te amare.

¡Por favor!... Regálame un beso,
que me contagie la piel;
para regalarte un verso,
tan dulce como tu miel.

AIBSEL

Lesbia Lozano. Nací, en el año 1948, en la ciudad de Guantánamo, provincia de Oriente, Cuba. En esta ciudad cursé parte de mis es estudios; otra parte, los realice en la E.S.P.A, cuando pertenecía, al Equipo Juvenil Nacional de Esgrima. Trabajé en la Empresa Eléctrica; en la Escuela de arte como Bibliotecaria, y en la facultad de Medicina en el Depto. de Información de Ciencias Médicas como traductora de los idiomas: Ingles, italiano, y portugués. Estudié hasta el 2do año la carrera de Lic. En Lengua Inglesa. Tuve el feliz regalo de "Dios", mis dos hijos; todos juntos arribamos a este dadivoso país E. U. de A. en el año 1995. Aquí matriculé el curso de Asistente Médico, graduándome en Dic. /1995. Me recibí también como Flebotomista Nacional. En mis actividades cotidianas siempre estuve acompañada por tres grandes amigos, el lápiz, mi pequeña libreta y la esperanza; sirviéndome estos de apoyo y confidentes en las tristeza y las alegría. Jamás me olvido, de esos seres de allá y de aquí que son las buenas amistadas, que nos toleran y comprenden cuando estamos tocando fondo en el andar de la vida. También son parte de mi historia, mis queridos coterráneos e inolvidables guantanameros, mi gente del Guaso, cantera de grandes músico, escritores, poetas, fotógrafos, Pedagogos, Maestros seres maravillosos de la Bellas Artes y las Humanidades con los cuales comparto con mucho cariño y respeto. Sigo escribiendo y estoy en espera de mi siguiente publicación, a demás de tener en preparación un próximo libro.

lesbialozano@yahoo.com

A mi madre, a mis hijos Hilda y Mario Lozano,
a mis tíos Hilda y Mario Galicia

A MIS COMPAÑEROS

A mis compañeros de los Clubes de literatura «Francisca Argüelles», de Talleres Literario «Oreste Pérez», de Asociaciones de poetas y escritores «Azálea Carrillo», a mis amigos Tertulianos «Xiomara Pages», Peñas Literarias ATENEA de Oreste Pérez. A mis compañeros de los Cursos de Superación Personal y otros que incursionan en el campo de "LAS HUMANIDADES " Y "LAS BELLAS ARTES " todos ellos: Pintores, escritores, poetas, escultores, fotógrafos, artistas , filósofos, historiadores, filólogos, bibliotecarios. Para ellos, va mi prosa, mi cariño y mi respeto.

Para los que todavía creen en el amor y la justicia, para los que son capaces de esculpirlos en las piedra; <u>mis Respetos.</u>

Para los que no temen a un medio hostil, viviendo en condiciones adversas y están dispuestos a "DAR" lo mejor de sí; **mi Apoyo y Gran Amor.**

© 2010, Lesbia Lozano
Derechos reservados

AMOR ETERNO

INTRODUCCION: "El lago de los cisnes"

El Lago de los Cisnes jamás perderá su vigencia. Ha sobrevivido y ha triunfado en todas las épocas por su calidad en cuanto a composición e interpretación tanto musical como danzaría; y a las brillantes actuaciones e interpretaciones de grandes bailarinas, bailarines, actores y actrices.

Este tema de riqueza armónica y melódica, fue el primero de los tres ballets que escribió el compositor ruso Tchaikovski «1840-1893»; pero no tuvo aceptación hasta Enero de 1895, gracias a los coreógrafos Marius Petipa y Lev Ivanov, «Este se estrenó en el Teatro Bolshoi y después en el Marinsky».

Ensayo sobre una leyenda «versión Libre- cuento»

Este tema melódico fue motivo de inspiración para una triste historia de amor de hace muchos años.

"AMOR ETERNO"

Y...Cuentan que un malvado mago hechizó a la tierna y bella Odette, Reina de un cercano país y a sus damas de compañía, para impedir que un día el Príncipe, al solicitar matrimonio, la conociera y se enamorara de ella, pues su belleza enternecía a todos los que allí vivían. El malvado tenía planes con su hija Odile de casarla con el príncipe heredero de la corona real, costase lo que costase.

En esos días el príncipe "Sigfrido" debía de encontrar esposa y para ello deciden hacer una grandiosa y sonada fiesta en palacio, esto disgusto al príncipe; sus amigos al verlo contrariado, y conocedores de sus gustos y ansias de libertad le proponen ir de cacería para distraerlo; se dirigen al lago donde sin saberlo se encontraba Odette y su corte convertidas en bellísimos cisnes por el maleficio del mago Rosthbart

Fue un largo día de divertimento, el príncipe no quería recordar que perdería su amada libertad. Nadie deseaba regresar al palacio y sin darse cuenta, les sorprende la noche y fue en ese preciso momento en el que emergieron de las aguas los cisnes para disfruta del breve tiempo, libres del hechizo, en el que podían regresar a su condición humana. Sigfrido deseoso de continuar con la caza; se anima al ver las apariciones de dichas aves. Toma su arco para colocarle unas de sus afiladas zaetas. El ignoraba lo que era una Mágica Aparición.

Precisamente esa noche fue la más bella, emocionante y peligrosa para Sigfrido y para Odette. Ambos ignoraban lo que allí sucedería.

Él se preparaba para dispararle a uno de los cisnes que emergía de las aguas del maravilloso lago; cuando de pronto... uno de ellos, Odette, convertida en una bella joven logra persuadirlo. Él, hechizado por su delicadeza y ella impresionada por la gallardía de aquel caballero desconocido se animó a contarle toda la historia de su desgracia, del maleficio del que había sido víctima junto con las damas de su corte y de cómo podía librarse de éste.

En ese momento, aparece repentinamente, el malvado Rosthbart, pero, ya Odette le había contado que ella seria liberada, con las demás muchachas, cuando algún joven le jurara amor eterno. Sigfrido queda prendado pero asustado por la presencia del mago; de repente y más raudo que el viento escapa y se adentra, desapareciendo, en el bosque; la bella Odette, con la sutileza de una ninfa, se pierde en las profundas aguas del lago que silencioso guardaba el secreto de aquellas majestuosas aves.
--Allá, en palacio, continuaban los preparativos para las próximas nupcias.
Era una grandiosa noche donde el príncipe debía de elegir por esposa a una de las bellas y distinguidas jóvenes allí presente, pero, Sigfrido sólo pensaba en Odette.

De repente irrumpe en el salón: El Barón Rosthbart. Para sorpresa de todos se aparece con su hija Odile, una ingenua joven, desconocedora de los malvados planes del que fuese su padre. Sigfrido se da cuenta que era el malévolo mago pero no pudo hacer nada porque Rosthbart ya lo había hechizado y logró que confundiera a Odile con Odette y así llevar a cavo esta unión con su hija. Esa noche logra su perverso objetivo, casa a Odile con el príncipe heredero y este sin saberlo le jura " Amor Eterno".

Odette fue invitada al baile pero no pudo llegar a tiempo para impedir tal locura y al ver lo que había pasado intento regresar; en ese instante, el malvado suegro de Sigfrido con una sonrisa sínica en su deformado rostro, se burla de él mostrándole a Odette toda pálida, con lágrimas en sus ojos. Al chocar sus miradas, Odette no resiste y se lanza en una carrera frenética, fatídica. Éste sale tras ella; ambos, corren desesperados dirigiéndose al lago con sus corazones ya destrozados.

Allí se encontraron, sin poder hacer nada para romper el hechizo; porque el príncipe le había jurado amor eterno a Odile creyendo que era Odette. Conociendo sus desgracias decidieron unirse para siempre sumergiéndose en las aguas de su nuevo palacio para que nadie pudiera quebrar la sublime unión y así, para siempre, vivir juntos, en infinita armonía.

Este sacrificio, donde los frustrados tórtolos fenecen por amor, llevó a Rosthbart a la muerte, ese era su castigo, el precio que tenía que pagar si Odette moría primero. Aquí es cuando se rompe el maleficio y todas las muchachas, damas de la corte, quedan en libertad aunque tristes por la ausencia de Odette.

Dicen que en las noches pueden verse las almas de ambos enamorados flotar sobre las aguas del lago que durante mucho tiempo fue la cárcel de Odette. Hoy y para siempre, el nido de ese tan anhelado "AMOR ETERNO"

LAS DAMAS DE BLANCO
«Miércoles Marzo/31/2010»

Estuve mirando las fotos de "LAS DAMAS DE BLANCO" tomadas en plena manifestación pacífica donde eran golpeadas y sometidas como si fueran delincuentes. Ellas aclamaban por la libertad de sus hijos, presos políticos de conciencia. Estas fotos y sus imágenes son deprimentes, pero a la vez son un testimonio para los ciegos de este mundo que nunca han querido ver como nuestra "Perla del Caribe" ha sido y es mancillada por cubanos traidores.

Es Triste que las madres tengamos que llegar a sufrir estas barbaries, y estas accionases tan denigrante. Ahora el periodismo, antes ciego, sordo y mudo, se ha visto obligado a dar estas noticias porque no pueden tapar el sol con sus perversas mentiras.

Históricamente la mujer ha marcado pauta en todas las luchas de la humanidad dejando en alto su nombre; a pesar de ser blanco de tantas ignominias.

"Las Damas de Blanco son ese collar de "PERLAS" finamente confeccionado con mucho sacrificio y un largo tiempo de labor, que los PUERCOS desbarataron en cuestión de minutos; lo que no saben estos PUERCOS es que esas perlas, que han rodado, jamás perderán su pureza; son y serán las más cotizadas en el mercado por sus años, su fiereza y valentía.

Sabemos que un pueblo con hambre no se revela, pero, cuando a una madre le someten a uno de sus hijos, y es torturado por reclamar sus derechos como ciudadano; así como "libertad" por decreto constitucional, la justicia tendrá que ser tomada por sus manos.

La paz tiene su precio: la guerra y nuestros hijos muertos.

Hace 50 años, apenas teníamos 10 añitos de edad, una isla de ensueños fue visitada por un mal llamado el mesías, burlador de inocentes. Sabía que existían seres fuertes como el roble, pero también sabía que eran frágiles y soñadoras «nosotras las madres», y por eso pudieron someternos. Usaron prebenda, mentiras y el arte de la manipulación. El Flautista de Hamelin, el Castro ruin y bajo, el demagogo perfecto, el abogado del diablo.

Engañaron a nuestras madrecitas las cuales, prácticamente no conocían de política. Nos secuestraron desde el vientre. Nos diezmaron, nos desnutrieron, transformaron a la mayoría de nuestros hijos en NIÑOS DIFERENCIADOS para convertirnos en lo que hoy somos, un pueblo desterrado deseoso de unirse y necesitado de todas las libertades.

Los que tuvimos el coraje de hacerle contrarrevolución a esa "ALIMAÑA "«así sea en menor o mayor grado», sabemos y conocemos los métodos represivos que utilizan para someternos; yo tuve esa amarga experiencia.

Once «11» horas de interrogatorios ininterrumpidos, dos juicios populares crueles y bochornosos donde la crápula satisfizo sus bajos instintos como perfectas marionetas toda una TURBA DE LACAYOS bien adiestrada como perros de presa y un año bajo custodia a domicilio visitándome y controlándome todos los lunes de cada semana antes de arribar a este benévolo país. Me recordaban constantemente que de continuar «me acusaban de persuasiva» mi actividad anti castro podían desaparecerme y que triste seria que mis hijos preguntaran por mi y ellos no supieran que decir.

Me siento orgullosa de esas madres, que en condiciones depauperan tés y jugándose el todo por el todo, no sólo por sus hijos, sino, por todos nosotros, han salido a reclamar justicia a voz en cuello como arma, y en sus manos flores. Que irónico, creyendo que podían callarlas; no hicieron más que abrir "LA CAJA DE PANDORA".

Sabemos que el mundo está convulsionado y que estamos atravesando por situaciones complejas pero tengo esperanza de que un rayito de luz pueda llegar hasta nuestra gente, a nuestros familiares, al igual que a nosotros. Llevamos 50 años de peregrinar constante y estamos cansados. "DIOS" se apiade y podamos recobrar la armonía y el equilibrio no sólo para nosotros, sino también para el mundo. Amén.

PD:

Que no nos falten nunca la voluntad y el deseo de luchar para que le podamos tender los brazos a los que están decaídos. Ya los años comienzan a jugarnos malas pasadas y con ellos tenemos que ser cuidadosos; es como caminar por una cuerda floja. Es muy importante la comprensión y la tolerancia porque el camino se acorta y la cuenta de ahorro que la vida nos tiene, por lo menos a mí, se me está acabando. Que "DIOS" nos siga acompañando y bendiciendo porque lo necesitamos.

RAZONES

¿Dime, amiga, y tus lágrimas?
¿Quién las ha secado?

Esas lágrimas que escapan
surcando tus mejillas
para esconderse en tu pecho;
o quizás, pretendiendo calmar
las injustas penas,
o mitigar el dolor
de tu corazón deshecho.

¡ Dime!

¿Cuántas veces has llorado
por eso...eso, que tú llamas amor?

¡Basta! ¡Mírate!

Estas huyendo del amor frustrado
de aquellos besos robados
del infortunio, del alma extraviada;
quedando sumergida en vanas ilusiones.

¡Cuánta rabia escondida amiga mía.
Tus labios, callan y otorgan,
la impotencia carcome tus huesos
mientras él, apasionado hambriento
degustando de tus carnes
y de sus alucinaciones viviendo.

¿De qué te enamoraste?
¿Del amor que juega a esconderse,
del que inventas y disfrazas
ese que siempre pasa
y sin esperar a que toque,

corriendo abres tus puertas
para tristemente darte cuenta
que el amor no se inventa?

Y ahora… ¿Por qué lloras?
¿Por los reproches, la inocencia,
el desamor, la traición, la ingenuidad
los años que transcurren
y no perdonan?

Te das cuenta amiga
sólo porque fuiste feliz
un segundo en tu vida,
añoras regresa allí
donde un beso fugaz de sus labios,
te dejaron el sabor amargo de la mentira

¡Ay amiga!
El vicio, la rutina, ese día tras otro,
nublaron tus razones,
dejándote toda confundida.

¡Amiga, despiértate!
todo esto no puede ser más fuerte
que tu propio "sino".
Somos víctimas
de ese juego ingenuo,
el de la costumbre…
Que nos vuelve ciegas, torpes…
Colapsando nuestro subconsciente.

Si…
Te habló de promesas, de la Luna,
de las estrellas, lo cercanas que estaban…
pero no de ti, sino, de tu imaginación.

! amiga!...no te dijo

cuan lejana estaban de tu realidad,
de tus manos, como él mismo, distante,
en un punto inexistente del infinito

y después ...
Lloraste, mucho lloraste;
ahogando en llanto
a ese tonto corazón enamorado
 del amor que te inventaste.

Con tu silencio
creíste aplacar la furia
provocada por la impotencia;
al descubrir que este querer
era absurdo, enfermizo
e incomprensible,
que había consumido
los mejores momentos de tu vida.

¿Dime, te sería fácil
borrar los agravios?

Estos quizás dejen sus huellas,
pero, para luego es tarde.

Se, que en las noches
lloras por hastío, por su ausencia;
porque sientes el frio,
 el vacio que provoca en ti,
haber sido objeto de burla,
el que te hayan olvidado.
Pero...

No estás sola amiga,

¡Eso sí! ¡Mucho cuidado!
Que tu necesidad de amar
y ser amada no te confundan.

Existen fronteras
que nunca debemos, atravesar;
caminos, que no debemos recorrer;
son caminos de "idas", jamás de "vueltas".

¡Mucho cuidado!
Que el "amor disfrazado"
tiene su precio,
te cobra en monedas de oro
y te paga con desprecios;
es ego centrista, demagogo,
amigo fiel de la falacia.

El muy perverso ,
conoce tus debilidades.
Y te manipula a su antojo.
Te visita,
cuando las sombras te invaden,
y cuando más lo necesitas, !pf!
como el humo se esparce.
quedando a solas como antes.

Escucha la voz de tu conciencia
aunque sea por un instante,
y te darás cuenta:

Primero:; por no querer
escuchar razones, fallaste.

Tu amor propio,
descendió vertiginosamente

culpando a otros, de culpas que no tienen.

Tu autoestima la extraviaste,
Implicando una vez más
a quien sin exigirte nada,
con amor y respeto

"todo" te lo dio

Tus valores, los confundiste.
Te olvidaste de tus raíces,
del vientre donde germinaste,
de la savia que alimentó esas ramas
 para que jamás se torcieran

¡Mírate amiga, mírate bien!
¡Estas vivía!, ¡ eres única!, ¡irrepetible!;

No necesitas mirarte
en esos "falsos espejos";
jamás reflejarán tu verdadera imagen,
tu belleza interna, de cuanto vales.

Sino levantas tu árbol caído
pronto lo harán leña.

Lo que el "Señor ha depositado en ti,
no lo malgaste,
"Él" es el camino, y tú su caminante.

Ven, secas tus lágrimas
por hoy, ha sido suficiente.

Los justos nunca están desamparados,
y su descendencia jamás tendrá

que mendigar pan «salmo 37. 25»

Es mucho lo que hemos recibido;
por eso…! nacimos para dar!
pero, nunca deshojar nuestra alma.
ni arrancar los pétalos de la Rosa
para dar de comer a los puercos.

Ven, secas tus lágrimas,

Vamos a reír…deja de llorar…

CUENTAN que tomadas de las manos
la "FE" y la "ESPERANZA"
caminaron con pasos firmes
en pos del VERDADERO AMOR,

Ese, el que habita fuera de la carne,
el que a pesar de las tormentas
mantiene vivo al Universo,
porque es:
La fuerza que mueve la tierra.

PATRIA Y DIGNIDAD

Hacer Patria y Revolución es fácil,
pero hacer " Patria"
se necesita de un inmenso decoro,
de hombres con virtudes teologales;

Capaces de: Infundirnos la "Fe"
de llenarnos de "Esperanza",
 y que la caridad,
no se quede en la palabra.

Que la podamos practicar todas ellas
sin distinción, ni discriminación,
amando al prójimo,
en nuestro vivir diario.

A demás,
que tenga el coraje y la valentía
para poder desafiar aquellos
que pretenden tapar el sol
con sus miserables existencias, y que piensan,
que por ser nosotros seres espirituales,
no tenemos fuerza y capacidad
para luchar con las armas terrenales.

¡Mucho cuidado!

Sabemos que la espiritualidad
nos engrandece, pero no se olviden
que corre sangre por nuestras venas,
y poseemos la energía del Universo

RENACER

Mi niña geniosa, mi niña traviesa,
mi niña arrebatada, mi niña apasionada.
Quizás te preguntes:
¿Quién es ella para decir todas esas cosas;
o, qué derecho tiene? ...
Es importante descubrir el espacio
donde el silencio es enemigo de la lógica.
Te pido que recuerdes.
 "Quien bien te quiere, te hará llorar"
y cada lágrima derramada,
limpiará el camino empedrado
para darle paso al entendimiento .
Nacer cuesta,
pero crecer, conlleva a todos
a pasar por grandes pruebas.

Estas colmada de virtudes,
y no debemos permitir;
que un ser como "Tú",
con tantos talentos se pierda
por desconocer algunos detalles
y aspectos, en el andar de la vida,
a la cual, todos,
hemos venidos a aprender.
La sabiduría tiene alas,
y anida en lo infinito del "Universo"
sólo puede rozarla el conocimiento,
cuando remonta vuelo en busca de la razón.
Mi niña,
estás en el punto más alto de la montaña
desde donde todo se observa,
pero, no podemos apreciar
la verdadera dimensión de lo existente.

Es por eso que te expreso mis observaciones,
porque estás en la etapa del renacimiento,
en la cual conocerás otras dimensiones.

Te escribe esto,
quien conoce los obstáculos
que se te presentan en la vida,
así como también ,
los triunfos abrazados al futuro
que pronto tocarán tus puertas.

Reflexión.
Aunque las aguas parezcan picadas,
no es más que un sacudir,
que va desde el fondo a la superficie,
intentado rescatar a aquellas almas dormidas,
aun vivas, de lo profundo de la mar;
y darles Santa Sepultura, a los que perecieron,
a los que callaron, y nunca podrán regresar.

MÁS FUERTE QUE LA VENGANZA

Nunca será máximo el placer,
cuando el goce pretende saciar
con sed de odio y venganza
el amor mal concebido

Cuando prevalezcan los sentidos,
en la entrega pura y total;
el amor inmaculado
jamás se podará olvidar.

Sería más fuerte la añoranza,
al percibir los gemidos,
el galopar de latidos
del corazón anhelante
del amor comprensivo

Conocerás
Aunque hoy es tarde, muy tarde,
que pudiste ser amado
y recibir el palpitar, y las ansias
de quien como ayer te amó
sin diferencia, ni distancias.

INGRÁVIDO AMOR

El tiempo, detuvo su andar;
el vuelo, la gentil mariposa;
marchitando a la tierna rosa,
y del ave su cantar.

De mi corazón, el palpitar;
de mi garganta, la voz;
sumergida en un silencio atroz,
dejó mi alma de soñar.

Tornándose el día en noche eterna,
el alma, mustia de hastío yerra;
el amor, por razones absurdas,
dejó de ser la fuerza que mueve la tierra.

Ingrávido amor que sutil te alejas
empañando con tu ausencia
lo sublime de la vida.
Con el desamor y la desdicha
sin sentido para amar, nos dejas.

VÍCTOR MARTÍNEZ

Nace en el año 1919 en Jaruco, ciudad de la Habana, Cuba. Se gradúa de Bachiller en Ciencias y Letras en el Instituto No. 1 de la Habana a la edad de diez y nueve años. Participó con sus compañeros de grupo en la edición de un libro donde cada alumno hizo su aporte literario. Allí cursó también la Premédica. Posteriormente matricula en la Universidad de la Habana el 1er. Año de Ingeniería Civil. Al año siguiente se incorporar para estudiar la carrera de Arquitectura, en la que al tiempo, hace un alto para estudiar y graduarse de Piloto Aviador Civil y Link Training «Vuelos a Ciegas». Se alista como Piloto en las Reales Fuerzas Canadienses que aprueban para pelear en la Segunda Guerra Mundial, gestión que no cristalizó. Continuó la Arquitectura por la libre -sin asistir a clases- que examinará a fines de año, mientras trabajaba a tiempo completo en la Compañía de Electricidad a la que ofreció sus servicios profesionales después de graduado. Ya en E.U.A. logra revalidar su título de Arquitecto. Es miembro Emérito del A.I.A. «American Institute of Architects». Es reconocido como el Primer Maestro de los veintitantos de la Logia Mistes AMORC de habla hispana en Miami, Florida. Concluye su vida laboral en "LA CUIDAD DE MIAMI" como Former Building Official y Chequeador de planos de Arquitectura e Ingeniería, con placa de reconocimiento por su labor profesional del Alcalde Stephen P. Clark. Ha publicado varios ensayos uno de ellos es "La Cuba del Futuro" Actualmente está en espera de publicar otros libros, uno de ellos: "Como Comprendo Ahora entre Dos Mundos".

Vmart45844@bellsouth.net
Cell. 786-223-8158; Ph. 305-557-8184

Dedico este trabajo a mis dos hijas, Martha y su hijo Derk,
a Griselda y sus hijos Víctor, Diana y Christina.
Ambas son extraordinarias abuelas.

AGRADECIMIENTOS

Al matrimonio Armando y Fausta Martínez, como motores
impulsores de los múltiples proyectos incluyendo el presente.
A Francisca Argüelles del Club de Literatura, y demás coautores,
donde nace la idea de este libro.
A Lesbia Lozano, por su magnífica asistencia en labores de
verificación de mis textos para su edición.
A Edilma Ángel, que hace posible esta publicación.
Y a demás familiares y amigos por su gran apoyo.

© 2010, Víctor Martínez
Derechos reservados

BREVES ANTECEDENTES Y CONCLUSIONES DE APRECIACIONES EN LOS CAMPOS DE LA FILOSOFÍA Y LA METAFÍSICA

La maravilla de la Creación descansa en el Divino Equilibrio Dinámico.

Arribando a especulativas apreciaciones lógicamente fundadas, con sus nuevas conclusiones en el campo filosófico de esta maravillosa vida, con antecedente en el misticismo. No sin antes mencionar al lector, la definición que Bertrand Russell en su libro: "Una Historia de la Filosofía Occidental" en su Introducción da al término Filosofía: ... *"Filosofía, palabra como yo la comprendo, es algo intermedio entre teología y ciencia"* ... Por lo que se comprobará, como también estoy coincidiendo con esa manera de pensar.

Se transcribirá textualmente el documento de Origen y Conclusión de una abstracta conferencia que había editado, cuyo título fue "Como Comprendo ahora", que servirá de marco en esta corriente del campo de la metafísica.

COMO COMPRENDO AHORA

Fue en la "Logia Lago Moréis", en Santos Suárez, Habana, Cuba Republicana, que me inicié en la Orden Rosacruz A.M.O.R.C. de San José, California, siendo entonces la Venerable Maestra de la Orden en esta Logia la extraordinaria sóror, Guillermina Foyo. También frecuentaba "La Sociedad Teosófica" donde además admiraba a muchos jóvenes que exponían magníficas disertaciones. Quizás esto influyó que mi hiciera miembro de esa sociedad y tomara su bella iniciación. En ese mismo año la Venerable Maestra Foyo, introdujo Períodos Culturales, invitándome a participar en tales eventos sociales. Me preguntó si yo podía escribir y dictar una conferencia. Al contestarle afirmativamente me informo que esta se llevaría a efecto en un mes y medio. Antes de que faltara un mes para la fecha señalada, y aún sin escribir nada me pidió el título para anunciarlo en nuestro Boletín. Lo que vino a mi mente fue COMO COMPRENDO AHORA.

El tiempo transcurría y nada se me ocurría para lo que tenía que desarrollar; entonces pensé en un hermano de la Orden cuyo apellido es Ponce de León, que tenía experiencia en esta materia con el propósito de que me orientara. Lo primero que me preguntó fue que le mostrara cualquier cosa que yo hubiera escrito, pero no recordaba tener nada, y él insistió que todos lo hacemos. Por fin pensé que trabajando para La Compañía Cubana de Electricidad, hubo una época que a las diez de la mañana, sistemáticamente narraba en unas páginas diferentes tópicos inéditos, los que ordenaba, ponía título, fecha y guardaba en una carpeta del buró. Se los traje, los leyó y me dijo: Tu conferencia está toda descrita de acuerdo con el título que le has dado. Me dio unas instrucciones y me ayudó a producir unos efectos de sonido y luz, que contribuyeron a realzar la presentación en un lleno completo, donde todos los elogios de la abstracta conferencia quedaron opacos ante el silencio y la mirada de una de las concurrentes, sintiendo que esa persona callada, transcendía aún más allá de las palabras, haciendo patente lo que Pitágoras dijo: *"Que no había nada más elocuente que el silencio"*. El contenido de esta conferencia es de gran valor para el estudiante de misticismo, es un lenguaje inteligible, y para el que suscribe, va más allá de una simple escritura.

A manera de introducción de este escrito, debo señalar que estando leyendo un artículo de un astrónomo ingles, Sir Fred Hoyle, el que más o menos decía: …"Que su entendimiento llegaba hasta el Horizonte Cósmico, o sea cuando en la expansión del Universo los cuerpos alcanzaban la velocidad de la luz"… Hasta aquí se está hablando científicamente apoyándose en leyes físicas. Meditando sobre esto, llego a conclusiones de cómo se puede ir aún más allá de este Horizonte Cósmico, pero metafísicamente. Como su nombre lo indica no podrán emplearse unidades de medidas físicas de comparación en este caso particular. Lo que escribo, por su contenido abstracto, me hace que no pueda involucrar ninguna orden, fraternidad, religión ni credo, por lo que yo sólo soy responsable de cuanto estoy exponiendo, ya que el contenido básico no está referido en lo que hasta hoy he estudiado, por lo que considero estas abstracciones inéditas, que no podrán ahora ser comprobadas por pertenecer a otra dimensión del orden metafísico, como se podrá demostrar claramente en lo que fue la "Conclusión" de la conferencia "Como Comprendo Ahora", que a continuación transcribo:

CONCLUSIÓN DE
COMO COMPRENDO AHORA

"Imaginémonos en el espacio infinito donde todo el Universo se expande, donde los cuerpos con sus masas constantes crecen, disminuyendo en densidad, alejándose los unos respecto a los otros, y todos desde el centro uno hacia la periferia, propagándonos cual la luz desde su fuente.

Así como la luz se integra en nosotros «masa-energía», «cuerpo-espíritu», viajamos desdoblándonos en expansión con velocidad uniformemente acelerada, llegando la naturaleza de la materia a ser tal, que se confunda con la de nuestro espíritu, y al penetrar el umbral con todos los atributos en un fenómeno de progresión al alcanzar la velocidad crítica de la luz, ESTALLAMOS, cambiando nuestra naturaleza, porque quemamos la original, transmutándonos en luz, para fecundar al iluminar el espacio con nuestra sabiduría alcanzada, que hacia el centro se irá integrando y manifestando, parte con los cuerpos densos que también provienen de este centro cerrando un ciclo; y parte desde este umbral hacia la periferia iniciará un ciclo más sutil donde nuestra conciencia estará un paso más cerca del Creador.

Representemos todo detenido por un instante en aquella expansión, para de ahí tomar el título de lo que escribo, y esto es COMO COMPRENDO AHORA y así lo título porque como todo es cambiante, hará que, incluso nuestra comprensión cambie, para escalar y ver más cuando así mejor comprendamos, pero como referencia nos situaremos en ese océano estelar, AHORA.

Argumento que también servirá de fundamento para el libro que en breve espera ver la luz, cuyo título será: "Como Comprendo ahora entre Dos Mundos" tanto el físico como el metafísico. Donde la filosofía analizada muestra muchos principios aún no revelados. Se exponen aspectos naturales, en la certidumbre de presentar a las personas de anteriores generaciones, de mente abierta, quienes también, por continuar viviendo los conceptos del pasado y no hayan trascendido, deseen renovar los aquí expuestos y puedan aplicar las nuevas formas del presente. En lo que el asiduo lector encontrará expresiones familiares pero llamadas de formas diferentes, para no mal interpretarse con otras filosofías, que, aunque paralelas en algunos aspectos, serán minuciosamente analizadas. Estructuras que al ser debidamente detalladas servirán para mejor juicio y provecho, que podrán ser puestas en práctica al estimarse de utilidad. Considerando dichos estudios de gran beneficio, los que serán presentados con meridiana claridad. Estos artículos podrán llevar al lector una idea como el estudiante de misticismo puede identificarse en su sendero. Lo que para otros es una simple lectura, éste descubre las verdaderas dimensiones del mensaje al identificarlos con hechos reales de la propia vida. A continuación se mostrará parte de un texto sobre la Cábala del libro: "Árbol de la Vida" de Z´ev Ben Shimon Halevi, en su página No. 45 que dice:

…"Cuando nos encontramos a alguien que no hemos visto durante veinte años, su apariencia física podrá ser profundamente diferente a la que vimos hace años en la escuela, pero lo reconoceremos inevitablemente. ¿Será por los rasgos de la cara? ¿Por los ojos? ¡No! Es algo más, un halo personal que conservará como propio así pasen ochenta años. Esta es la naturaleza esencial mostrándose y brillando desde su persona"…

En relación a lo anterior debo decir que en mi juventud, hace más de cincuenta años, cuando me encontraba estudiando para Piloto de Aviación Civil, tenía un compañero de estudios de apellido Viera, casado con una maestra de escuela de Calabazar llamada Ana María, de cuyo matrimonio nació un niño con unos ojos diferentes, no negros, con grandes pupilas, familia que desde aquel entonces no he vuelto a ver.

Vengo para los E.U. y hará unos años, en una ocasión tengo que tomar un ómnibus en la estación de Transito-Rápido en "Okeechobee" que me llevaría a su última parada, que coincidiría aquí, donde hoy vivo en Hialeah. En el transcurso del camino observando la cara de medio perfil del conductor del ómnibus de una edad bastante mayor, al hacer su parada final le pregunto:

¿Usted se apellida Viera?

Contestándome afirmativamente. También cuando le pregunté:

¿Su papá se llama Juan Benito Viera, y su mamá Ana María Alomat?

Contestándome que esos eran sus padres. Entonces le expliqué que lo había dejado de ver en la Habana, desde que era un niñito de corral. Comunicándole quien yo era, y como conocí a sus padres. Me dijo que esa noche hablaría por teléfono con su madre en Cuba para contarle de nuestro encuentro. Diciéndome que próximamente se mudaría para España. Al perderse dicho contacto se interrumpió este bonito reencuentro.

En relación a otra situación similar, lo que reafirma lo escrito en dicho libro de "La Cábala": Tiene lugar en una sala de espera de una consulta de un médico que atendía a mi hija menor, Griselda, en estado de Christina, nieta que ahora se encuentra próximo a cumplir veintidós años. En aquella prolongada y tranquila espera, mi vista se cruzó con la de otro señor mayor y mientras le observaba a la distancia -sin señalar- le decía a mi hija: "Ese señor que tenemos en frente fue un condiscípulo mío en la Escuela Pública Elemental de Luyanó cuando éramos niños y lo vamos a comprobar. Diciendo esto me paro y me dirijo hacia él preguntándole: ¿Ud. es de Luyanó? Al contestarme afirmativamente le volví a preguntar: ¿Ud. estudió en la Escuela No. 81? Sorprendido me dijo que sí, que si me acordaba de Núñez, nuestro profesor, continuando en amena conversación recordando aquellos tiempos de antaño. Concluyendo, que no cabe la menor duda de las fabulosas y estrechas relaciones metafísicas en estas dos narraciones.

HOMBRE DIVINIZADO

Se suele decir que: "El hombre es una Chispa Divina". Es más, no se está lejos al pensar como una verdad cuando se diga que: El hombre es un Ser Divinizado, pues esta condición la acompañará mientras viva, ya que en su dualidad físico-espiritual, el Alma se pudiera analizar bajo el punto de vista de la tecnología actual, como un "Sistema Operacional Divino, Regulador del Ser" como la parte unida al cuerpo físico que permanecerán así, mientras exista como el hombre en la creación, que durante su aprendizaje en "La Escuela de la Vida" es divinizado, porque además su cuerpo físico sin el concurso de la Divina Creación de la Naturaleza, que proveerá de todo lo vital imprescindible para su existir. Dependencia de cuya estrecha relación hace posible el desarrollo del "Ser Divino". Quien no lo entienda así, es como el que no sabe que "Hay que separar el trigo como alimento, de la cáscara". En otras palabras, comprender que el hombre viene a esta existencia a aprender cometiendo equivocaciones y rectificaciones en sus sucesivas vidas hasta irse purificando. Pudiendo de ésta manera alcanzar, a la vez de convertirse en la propia luz del Divino, el Destello de dónde provino.

INTUICIÓN

Se nos enseñó "Nadie nace sabiendo". Para mí, esto es una falacia, porque intuyo que se renace sabiendo lo que en otras vidas se aprendió, para continuar por siempre aprendiendo. Concluyendo lo beneficioso del bien obrar, para la mejor evolución personal, que nos haga más receptivos a las acertadas intuiciones de nuestras decisiones.

La complejidad de los avances de la vida, hace que nos ocupemos principalmente de las urgencias para el mejor sobrevivir, sin entregar el tiempo requerido para actualizar conceptos que se van haciendo obsoletos por inoperantes, los que se mantienen cubiertos para preservar las partes de las estructuras arcaicas que debieran eliminarse. El negarse a aceptar los cambios para preservar el resto, pudiera llevar esas superestructuras a su desaparición.

Como la intuición no es más que el recuerdo de lo aprendido en otras vidas, resulta por el estilo, que hoy apliquemos el recuerdo limitado de lo aprendido en otros días de esta existencia. De ahí lo beneficioso del progresar para poder penetrar el futuro al vivir transcendiendo, que conduce al arribo de extraordinarias conclusiones creadoras. Es cuando se concibe a "La Intuición" como las experiencias de los conocimientos adquiridos y manifestados mediante los recuerdos de otras existencias, también suelen ser del futuro traídas al presente. Con lo que se intuye, que a esos niveles el tiempo no cuenta, como se complementará a continuación:

RELATIVO A LA ENDOCRINOLOGÍA

«Compleja red de glándulas de secreciones internas»

Por intuición, considero que en lo profundo de la Endocrinología de forma imperceptible, se encuentra el medio que permite entre otras funciones, mediante la secreción de hormonas específicas, la transferencia del mundo psíquico al mundo físico y vice versa. Naturalmente asistido por todos los sistemas colaterales. Resultando entre la complejidad de condiciones, como un ejemplo, el factor de las emociones como activadoras de esas substancias en el sistema endocrino, las que permitirán extraer del subconsciente a manera de experiencias personales, lo que se traduce en viajar en lo que va más allá de lo aceptado del tiempo físico, como resulta en el caso particular del que está preparado, por ser de otra dimensión, proyectando la energía por la que es capaz de: "Mostrar parte del mundo del futuro en ese instante".

ROTURA DE TUBERÍA PARA AGUA

Mi experiencia Psíquica, en Cuba Republicana hace más de 50 años, vivida en la calle Pérez No. 616, en Luyanó, Habana:

*"**E**n un amanecer, cual si estuviera soñando, veía como corría agua junto al contén frente a mi casa. Sabía de dónde provenía, pues sentía como si me encontrara allí, al doblar la esquina, a media cuadra frente a una casa de madera, en esa calle asfaltada de donde brotaba el agua, bajo ese fuerte sol del medio día de aquel verano. Pero aún más de lo insensible al calor, sino al contrario, el encontrarme en un medio tan agradable, diría: como en la Gloria, y más, al poder ver con toda diafanidad, sin interferencia alguna a través de todos los materiales, desde el asfalto, las pequeñas piedras, las grande rocas, tierra y arena revoloteando desde lo profundo donde se encontraba la tubería de hierro fundido de unas cuatro pulgadas de diámetro, cuya rotura por encima, como a un pie de la boquilla de la maestra de mayor diámetro. Rotura de donde provenía esa continua corriente de agua, y que en ese momento sólo actuando mis hormonas, así se tiene acceso por la propia psiquis a la otra parte del cuerpo físico que bien pudiera ser mi Alma como parte del Absoluto, que hizo acto de presencia unos veinte días antes que las demás personas sólo pudieran presenciar la realidad del correr de esas aguas. Por lo que no cabe duda de encontrarnos en presencia de nuestra propia energía regulada por el Absoluto, capaz de: mostrar parte del mundo del futuro en el presente".*

GENÉTICA CUÁNTICA

Con el presente escrito trato de llamar la atención según la moderna tecnología para actualizar conceptos, y en este caso específico sobre la bien desarrollada Genética Física, como la larguísima escalera con sus peldaños identificada como ADN, para diferenciarla de este nuevo concepto que denomino Genética Cuántica por ir más allá de lo físico para desembocar en el Campo Cuántico. Para lo cual debemos empezar por lo definido en el último párrafo presentado por el Dr. Deepak Chopra en 1989 refiriéndose el libro a "Curación Cuántica". "Explorando las Fronteras de la Medicina Mental y Corporal", en la página No. 111 que dice:

"Es necesario referirnos a lo cuántico para comprender la verdad de cómo es que la mente gira empleando las moléculas como pivotes. Un neuropéptido surge a la existencia en respuesta a un pensamiento, pero ¿en dónde surge? <u>*El medio como pensamiento y el compuesto neuroquímico en el que se convierte se hallan conectados de alguna manera mediante un proceso oculto, una transformación de lo no material a lo material.*</u> *Sucede lo mismo por doquier en la naturaleza".*

Lo subrayado de ex profeso en lo antes escrito, es para llevarlo a colación con experiencia personal ocurrida en Cuba, cuando el ataque a Bahía de Cochinos: que en aquel entonces me encontraba en reposo absoluto ordenado por un ortopédico de la Clínica Casuso de Luyanó, debido al aplastamiento que deformó de cóncava a convexa la quinta vértebra lumbar, mostrada en radiografías, ocasionada durante un juego de hand-ball en el Club Cubanaleco, cuando intentaba responder al rebote de la pelota, sufriendo una violenta caída con el impacto de mi cuerpo contra el piso. Además del reposo, me asistía con un tratamiento metafísico Rosacruz, dos o tres veces por día. Pasado el tiempo de recuperación me incorporé a mi trabajo diario. En otra ocasión, olvidándome del episodio anterior, traté de evitar que un auto se moviera en una pequeña inclinación, al hacer este esfuerzo, sentí un dolor en la zona sacro-lumbar, por lo que tuvieron que llevarme al Hospital Lidia Hidalgo, en Rancho Boyeros. Al practicarme varias radiografías pensé que fuera mi quinta lumbar. Cuál fue mi sorpresa cuando al preguntarle al Doctor, me informó que esta era normal, sin mostrar cambio alguno. Con el tratamiento Rosacruz consistente en un masaje psíquico, visualizando mi quinta vértebra lumbar como las demás, simple y llanamente se normalizó. O sea, según lo descrito por el Dr. Chopra en el 1989, ya habían transcurrido más de 50 años que había realizado esa curación con mi Genética Cuántica, -curación metafísica Rosacruz- llevando mi quinta vértebra lumbar a la condición original de buena salud.

ENSAYO DE CÓMO EN PARTE EL ALMA PUDIERA OPERAR

La abstracción *Alma*, es definida como la sustancia espiritual e inmortal que informa al cuerpo, y con él, constituye la esencia del hombre. Por lo que el objetivo de la presente es, encontrar un símil derivado de esa propia naturaleza que pueda satisfacer, lógicamente, a la luz de nuestro tiempo. Hasta hace poco ni se soñaba con los adelantos tecnológicos. Los que en aquella época se consideraban como milagros, hoy son realidades. Por lo que se puede intentar someramente penetrar en las profundidades del *Alma*. Sabiendo que son difíciles los derroteros de tales misterios, se cree que existe la posibilidad de poseer la llave que abriría el cofre que contiene tan sublimes secretos. Quienes sin entrar muy profundo en la tecnología de los diferentes campos de las apreciaciones en las diferentes materias, por las ilustraciones de alcance público en general, y con la utilización del más común de los sentidos, pero asistidos por una profunda meditación, es que se van corriendo velos que permiten ver más allá, que la mayoría del mundo que se encuentra distraído en deportes, y llevados por las costosas ilusiones de las propagandas, que roban la maravilla del tiempo, ya que no se les asignan la atención, ni interés y ni el tiempo requerido a estas otras cuestiones más propias del crecimiento espiritual del Ser.

Para llevar a cabo este ensayo, debemos partir de la hipótesis de nuevas apreciaciones de las funciones lógicas del Alma. Para lo cual debemos hacer minuciosos análisis, partiendo del punto de vista desde cualquier célula del organismo humano. Sabemos de sus variados tipos por las diferentes clases de tejidos, también de los diferentes órganos. Es innegable la complejidad de la constitución y funciones de las células. Las que se pudieran considerar en sí, como industrias, ya que tienen que llevar a cabo complejos procesos para desarrollar las funciones a cumplir. Pensemos por un momento en estas pequeñísimas porciones del cuerpo humano, que para su natural funcionamiento, son independientes aunque operan relacionándose colectivamente con las otras partes vivientes del propio humano. No cabe la menor duda que el *Alma* que nos anima, lo está haciendo al mismo tiempo con los millones de nuestra células, porque ese conjunto es parte de la *Creación*, mediante las distintas funciones de las complejas redes de todos los sistemas conocido como *"Omnipresencia"*, que así vitalizando el cuerpo, pudiéramos llamarle *"Alma Divina"*, que científicamente en la actualidad, a ese conjunto se le pudiera denominar: *"Divino Sistema Operacional Humano"*, que es digno considerarlo como también operaría en el plano físico, pero que tendría que hacerlo a otros niveles más sutiles como lo es el de nuestra conciencia en nuestro cuerpo, que a nivel celular operará como Conciencia Celular propio del *Divino Sistema Operacional Humano*. Sin este estado de conciencia intercelular, no tuviera lugar la armoniosa relación entre ellas, con el resultado del colapso por el cese del funcionamiento del cuerpo humano.

Para ver este ensayo con más claridad, hagámoslo asistido por una metáfora. Para lo cual considerando entre otros elementos del torrente sanguíneo, al glóbulo rojo con sus complejas funciones, entre otras; como vehículo del transporte de oxigeno tomado del aire exterior mediante los pulmones destinado a la industriosa labor celular del cuerpo humano. Eliminando por la misma vía el CO_2. Podemos comparar estos glóbulos rojos en la pista de este torrente, con automóviles vistos desde tan alto, que se verán como diminutas hormiguitas cual punticos que se mueven. De los autos sabemos de su constitución, mecánica y funcionamiento. De los conductores y sus misiones, se pudiera comparar como la conciencia de los glóbulos rojos en sus funciones, entre ellas la específica para los definidos propósitos de las células, aún por lo remotas que se encuentren. Todo este preciso control es llevado a cabo por las instrucciones de los programas del *"Divino Sistema Operacional Humano"* como la intervención directa del *Alma*, que le permitirá proseguir el proceso natural de nacimiento, crecimiento, reproducción y muerte de la parte celular para cumplir su cometido.

En este caso específico, de no estar cada glóbulo rojo inducido por un programa específico a su destino fijo, además de su auto sustentación, cada célula en cuestión no asistida debidamente, moriría. Luego, considere que cada Estado de Conciencia de cada glóbulo rojo como el de cada célula y de todo el sistema, tienen que estar con absoluta precisión, controlado por un centro que en este caso es el *"Alma o Divino Sistema Operacional Humano"* como parte del *Absoluto*. Con todo lo anterior expuesto, bien se puede concluir que ésta es una posibilidad de así llegar al "Ensayo cómo en parte pudiera operar el Alma".

YENILEN A. MOLA

Me apasionan todas las manifestaciones del arte: la literatura, la música, la pintura...Disfruto de todas ellas, pero escribir, es una de mis actividades favoritas, es como volcar sinceramente todo lo que siento y pienso sin censuras o críticas.

La musa me acompaña desde niña y la inspiración nació conmigo un 19 de diciembre.

Me gusta el contacto con la humanidad y creo en ella, mi lema es servir siempre que puedo. De ahí, mi verdadera profesión: Enfermera.

Los amigos, cuando son verdaderos, superan el valor del oro.

El cariño y apoyo de mi familia y en especial, de mis padres, es lo más grande que poseo, y mis hijos mi mayor bendición.

Soy como cualquier mortal: virtuosa y con defectos, aunque a veces sensible en exceso. Considero que la vida es el único regalo involuntario que he recibido, por lo tanto, le agradezco mucho a Dios, la mayoría de mis pensamientos giran en torno a él y sus maravillas.

Por último, considero al AMOR, el más inmensurable y poderoso de los sentimientos, por eso trato de tenerlo como aliado en cada acto, obra, palabra o pensamiento que ejecuto.

Siendo realista, amo mucho...siendo optimista, seguiré amando aún más.

mola-y@hotmail.com

Agradecida con mi Dios

Dedicado a ti:
al que ama,
al que llora,
al que ríe,
al que aguarda milagros,
al que perdió la esperanza.
A ti, que me lees…
¿Y por qué no?
A mí misma.

© 2010, Yenilen A. Mola
Derechos reservados

ANTOJOS

Se me antoja bañarme de tu risa pícara
e impregnarme de tus olores.
Se me antoja danzar entre tus pupilas,
revolotear entre tus ideas,
y que conozcas los pigmentos
y las líneas de mis alas...

Acariciar tu horizonte y despertar tu esperanza.
Amansar las olas de tu océano,
habitar en la espira de tu caracola
e invocar a Vishnú y alejar tus fantasmas.

Yo quiero reinar en ti y aburrirte de mis "nadas",
diseminar mí fuerza al viento a cambio de paciencia,
para que te detengas en mí tiempo.

Deseo hacer de mi cuerpo un templo
ideal para tus rituales…
¡Se me antoja antojarte!

EL AMOR MUERE EN PAZ

En qué parte te perdiste,
o en que parte se perdió
aquello que construiste
y que el error ya borró.

Días que fueron exceso
de pasiones inocentes,
derrochamos todo eso
y hoy, nos queda el excedente.

Caminábamos atados:
nuestras manos, nuestra mente,
deseos inusitados
aquella pasión ferviente.

El fantasma de la duda
inundó todo de huellas,
convirtiendo en noche oscura,
un cielo lleno de estrellas.

A dónde vamos... ¿Quién sabe?
¿Qué hacemos con el dolor?
Subamos, pues, a la nave,
que es el tiempo arrollador.

¿Quién sabe si con los años
mitiguemos el recuerdo,
borremos el desengaño
y cerremos el cuaderno?

Olvidemos los errores
que hoy nos tienen prisioneros,
de aquella cárcel de amores
donde no somos pioneros.

El aire huele a final
se respira despedida.
Este momento es cirial
de nuestras hondas heridas.

Te aproximas, yo me alejo;
Yo me acerco, tú te vas,
y va quedando a lo lejos
el nosotros inmortal.

No huyamos más de la entraña
que nos dejó salivar,
las mieles de las hazañas,
que no supimos lograr.

Injertémonos lo inmenso,
y lo profundo del mar
y que sea el universo
quien nos venga a consolar.

Ya no hay doctores, ni curas,
Yo me fui, ya tú te vas…
El amor murió en la fuga,
Pues entonces…Muera en paz!!!!

TODO SABIA

Sabía que habrían días sin rosas,
sin la típica complacencia.
Noches de ayuno,
y otoños sin hojas amarillas.
Redimirme de ideales,
por no marchitarme a sus pies.
Sabía que encontraría memorias de algas.
Que podía tener un pez en el florero,
y una vela encendida en mi ventana.
Seguir viva,
no significó nacer cada día
en mi cuerpo,
sino morir uno solo en ti,
aun sabiendo que sabía!

"YO, CONMIGO"

Tengo una relación conmigo misma
en la que paso noches
velando tu recuerdo
peleando madrugadas
para sacarme el lúpulo del cuerpo.

Tengo una relación conmigo misma
que me permite sonreír ante el silencio,
y no me deja llorar por devaneos,
para de vez en cuando
soltar mi alma al viento.

Es una relación de pacto interno
bañada de rocío y firmamento,
que contempla claveles
para olvidar el desvaído rojo de tus besos.

Tengo una relación conmigo misma,
que no requiere ya para su abrigo
saberse en el dominio de tu espejo.

ORESTES A. PÉREZ

Nació en Marianao, La Habana, Cuba el 9 de Noviembre de 1940, ingresa en el Instituto de la Segunda enseñanza de Marianao, graduándose de bachiller en Ciencias y Letras. Y en la Escuela Profesional de Comercio como Contador Público.

En la Universidad de La Habana fue expulsado por razones políticas y fue condenado a 7 años de prisión por conspiración contra Castro.

En 1979 salió para España donde trabajó y estudió, allí empezó sus primeros escritos y los publicó en varias ciudades europeas, en 1981 emigró a los Estados Unidos.

Estudió en Miami en el Community College y logró el título de "Bachiller en Letras". Actualmente se dedica a la docencia en Miami. Ha publicado sus diferentes producciones literarias en revistas y periódicos, además ha recibido numerosos premios, honores, condecoraciones, dentro y fuera de los Estados Unidos.

Poemarios: PUNTO DE PARTIDA «1986», RENACER «1988», JUEGO DE PALABRAS «1992», TRUJAS DE ENSUEÑO «2000», BREVARIO DE AMOR «2003», MI VOZ DE COBRE «2005 y 2006», SOMBRAS DEL ALBA «2006», un libro de cuentos NUEVO AMANECER «2001 y 2002» y otro de cuentos y poemas en el «2007», ECOS DEL OCASO «2009».

clubatenea@att.net

A ti

Hoy, mañana y siempre.

© 2008, Orestes Pérez
Derechos reservados

EN PRIMERA PERSONA
VERSOS DE AMOR

MI VERSO

Módulo el verso, cuando el verso brota
a mi mano con intención de anhelo
y es llanto o risa, ilusión o cielo
párvulo beso o vuelo de gaviota.

Recurro al verso, cuando el verso flota
en el mar de mis sueños con desvelo
y es sombra o luz, celebración o duelo
canto amoroso o fantasía ignota.

Cuando llega en las noches y a mi lado
permanece insistente, trasnochado
queriendo transmitir mis emociones.

Y entre nostalgias y melancolías
puedo juntar las ilusiones mías
con el cántico azul de mis pasiones.

EL ACIDO RESPIRO DE LA TIERRA

Hágase la vida y el amor
descendiendo en aguas refulgentes
con su lengua de luz de otros océanos
viajando a sorbos por tu psiquis.

Esa voz y la existencia transferida
exacta como aroma del eclipse
sumergida en la luz profética del trigo
donde habita el espasmo de la distancia.

Como el fluir constante inventándome en tu cuerpo
como metáfora desnuda ante el espejo
soy y seré tan sólo un grito de arcilla
transgrediéndome en el propio soliloquio de las eras

Soy la palabra y el verso, la verdad y la mentira.
Soy, simplemente tu amor.

AMOR CIEGO

¿Cómo eres?
A diario me pregunto.
No puedo verte y sin embargo
presiento la presencia sutil
de tu mirada.

Se agita el corazón.
Un frio intenso en mis manos hace nido.
Arde mi frente y un ligero temblor
recorriendo mi cuerpo
parece paloma blanca estremeciendo sus alas.

Tu breve paso hasta mi alcoba
-que casualmente pernocto-
Lo recoge mi mente delirante y palpita tu figura
en las tinieblas infinitas e imborrables
de mis ansias.

¿Cómo eres? No lo sé
ni lo sabré nunca.
Porque falta la luz en mis pupilas
y tengo que adorarte, solamente
con los ojos del alma.

REGRESA A MI

Como besa la cruz el sentenciado
para lograr la gloria permanente,
bendeciré tu nombre eternamente
por la dicha infinita que me has dado.

Marchito el cardio, limpio, sin pecado,
húmedos los ojos, triste la frente,
me postraré ante el Juez Omnipotente
pidiendo que regreses a mi lado.

En mis noches no duermo, desvarío
presintiendo en mi alcoba tu figura
y en insomnio llegar veo la Aurora.

Porque lejos de ti, muero de hastío,
no hay sosiego, ni paz, ni esa ternura
que ofrece tu presencia seductora.

Sin tu calor me siento tan vacio
que mi vida se llena de amargura
creyendo enloquecer hora tras hora.

VERSOS DE AMOR

Como fluye espontaneo el perfume en las rosas.
Como el sol amanece en auroras de estío.
Como vuelan del piano melódicas notas.
Así son mis rimas cada vez que te miro.

Como surge la lava del volcán ardiente
o emergen de las aves canoras los trinos.
Como en primavera los árboles florecen,
así mis poemas se engalanan contigo.

Como turban el alma pasiones ocultas
que llegan en la noche cual líricas Musas
y enfebrecen mi ser de lascivos delirios.

Como brota fugaz la sangre de la herida
o manan del cardo lacerantes espinas,
así son los versos de amor que te escribo.

ABORDAJE

Después de tanto aciago viaje
entre sombras y penurias
acarreando la carga inútil
de mi vacía existencia

En el insoluble gris
del brillo de tus ojos
acomodé mi barca clandestina.

Solté mis amarras.
icé las velas al viento
navegando entre luengas e hirsutas
oleadas de tus cabellos negros.

Hice el abordaje audaz
a través de tu sonrisa
y Corsario-Capitán
en la nave de tu cuerpo
recorrí
con mis manos y mis ojos
llenos de deseo
los siete mares ignotos
de todo tu Universo.

ASÍ TE AMO

No te amo como si fueras rosa de luz,
topacio o flecha de pasión que propaga el fuego.
Te amo como se aman las aguas tranquilas de los lagos,
secretamente, entre la sombra y el alma.
Te amo como aquella planta pequeña que va floreciendo
y lleva dentro de sí escondida toda la luz del Universo.
Y gracias a tu amor callado vive en mi cuerpo
el apretado aroma de ilusión
que ascendió de la tierra al cielo.
Te amo sin saber cómo, desde cuándo ni dónde.
Te amo sin saber, directamente, con sinceridad absoluta
sin problemas, ni engaños, ni falsos orgullos.
Así te amo.
Porque no se amar de otra manera, sino de ese modo tan simple en que no soy ni eres:
Sencillamente somos.
Tan cerca, que tu mano en mi pecho es mía.
Tan cerca, que se cierran tus ojos con mis sueños,
para juntos, diariamente volar al infinito.

QUÉDATE

Quédate, la luna ya se ha ido
la tormenta no cesa.
El piano espera tu concierto
o hablemos de mi última acuarela.

La noche está muy fría,
la lluvia cae, cae férrea.
Tengo coñac francés para brindarte
hay suficiente leños en la hoguera.

No te marches aun,
aguarda que no llueva.
Caviar ruso he comprado para el brindis.
El champagne está listo en la hielera.

Ven a compartir el tálamo dorado,
mi alma trémula y hueca.
Puedo ofrecerte mi mejor almohada
para dormir tu rubia cabellera.

Es la hora de volar al infinito,
no abandones el nido ni la fiesta
Hagamos el amor en el mullido lecho,
y espera que amanezca.

NO IMPORTA

No importa donde vayas, viviré en tus recuerdos
como un fantasma vivo dormitando a tu lado
pernoctaré en las sombras de tus horas vacías
y el eco de mi risa perturbara tus sueños.

No importa donde vayas habitaré en los espejos
que decoran tu gélida habitación vacía.
Seré tu perpetuo insomnio en cada madrugada
y cada día de invierno añoraras mis besos.

No podrás olvidarme será inútil lo intentes
como eterna pesadilla estaré en tu existencia
con letras imborrables grabada en tu cerebro.

No podrás olvidarme abroquelados en tu alma
mi cuerpo y mis pasiones dejaron hondas huellas
perennes, más allá, de la distancia y el tiempo.

PARA TI

Escribiré mi nombre breve en tu destino
para que nada ni nadie pueda borrarlo,
aunque pase la vida y cambie tu suerte
se mustie tu sonrisa y te encanen los años.

Esculpiré mi amor en el fondo de tu alma
cual escultor usa su cincel cotidiano,
aunque mudes de sitio y cambies tu figura
envejezca tu piel y marchiten tus labios.

Tú serás permanente musa inspiradora.
Perenne adoración de idilios trasnochados.
Fuente inagotable de locos desvaríos.
Fantasía musical de sonidos extraños.

A tu dedicaré mis libros de poemas
y para ti serán todos mis triunfos diarios,
a pesar que el destino torció mi sendero
aunque nunca, jamás, volvamos a encontrarnos.

INOLVIDABLE

No puedo olvidarte, amor no puedo.

Fue tan grande tu paso por mi historia,
tan profundo calaste mis heridas
que hondo rastro se quedó en mi senda.

No puedo olvidarte, amor, no puedo.

Velero zozobrante
de impetuosas tormentas
con tanta intensidad te perpetuaste
que carenó la barca de tu nombre
en el puerto incierto de mi vida.

Te has ido,
pero estás,
fija,
en mi pensamiento.

Y si alguna vez tu rostro se me olvida,
cabalgando en la pared,
junto a tu alegre sonrisa,
marchito por los años,
allí lo encuentro.

ORLANDO PÉREZ

Soy cubano, pintor y poeta, el arte lo llevo en mis venas; cuando vine a este país era un adolescente, aprendí a pintar en New York, tengo decenas de cuadros inspirados en Cuba y en la naturaleza.

Empecé a escribir en la Florida motivado por Azálea Carrillo.

Asisto a varios clubes de literatura. Entre ellos al "Club de Literatura" que dirige Francisca Argüelles, "Club Cultural Atenea" dirigido por el escritor Orestes Pérez y "La Sociedad de Poetas y Escritores de Miami" dirigido por la escritora Azálea Carrillo.

Dedico estos cuentos:
A mis hijos Orlando y Hortensia.
Y a Azálea Carrillo,
quien me motivó a escribir

Derechos reservados

UNA HISTORIA DE AMOR
«EL REENCUENTRO»

Ella, de súbito se apareció frente a mí, como si fuese un fantasma, me observó con una mirada indescriptible, y con algo de maldad en ella. El malestar era tan intenso al ver esa mujer a la que tanto amé, creí haberla erradicado de raíz de mi alma, un pensamiento profundo se apoderó de mi ¿Habría caído de nuevo en sus hechizos?. La historia de nosotros fue como un mar tempestuoso, cuyas olas se mueven sin orden, a capricho, golpeando sin misericordia lo que se encuentre en su furia, sin compasión de ninguna clase... Ella, estaba frente a mi observándome, aquella fortaleza que yo creía poseer, inexplicablemente se derrumbó como un castillo de naipes. Me vino a la mente aquellos momentos tan agradables como sentir el calor de cuerpo y su piel contra la mía, y las pequeñas tonterías que nos susurrábamos al oído.

Ella era muy voluble y yo no podía predecir su estado de ánimo en ningún momento. Pero, estaba embrujado por su mirada y hermoso cuerpo de mujer, de momento pensé que debía de olvidar su vanidad y orgullo para siempre, la miré fijamente, y di la vuelta para alejarme de ella, cuando me llamó suavemente y con mucho cariño, susurró a mis oídos, démonos otra oportunidad y tratemos de revivir el pasado, y las escenas de fiero romance que nos llevaban a un éxtasis divino, momentos inexplicables de amor y adoración. –Corazón, me dijo, dame la mano y recuperemos ese pasado, te juro que he cambiado y no te arrepentirás jamás. Por un momento me quedé absorto, observando la vorágine de esos bellos ojos profundamente embriagadores que me cautivaban con su mirada fija en los míos, la pasión le ganó la batalla a la razón. Nos cogimos de las manos y nos alejamos.

EL ESLABÓN PERDIDO

Papá por favor, no le pegues a mami, llamen a la ambulancia rápidamente, mi padre está golpeando a mi madre, creo que la va a matar, le está gritando obscenidades de todo tipo. La ambulancia la llevó al hospital, en donde descubrieron múltiples laceraciones por todo el cuerpo. El infame había huido, la policía había acordonado todo el perímetro alrededor de varias cuadras para atraparlo, la mujer recobró el sentido en el hospital y trató de explicar lo sucedido, llevaban 20 años de casados, pero debido al maltrato diario de su esposo, se había separado de él los últimos cuatro años, y había estado saliendo con un amigo recientemente, el esposo al enterarse vino a la casa le gritó improperios y comenzó a golpearla e insultarla. La crueldad de esto es que desgraciadamente ocurre muy a menudo en este mundo. ¿Me pregunto yo, si estos hombres, que infringen tanto dolor a todos en sus alrededores sin misericordia, pertenecen al periodo del eslabón perdido?, aquella división que nos separó del animal de las cuevas, hasta que llegó el ser civilizado, y todavía en el presente hacen acto de presencia.

Después de algún tiempo en el hospital recuperándose del maltratado cuerpo, volvió al hogar donde sus seres queridos la estaban esperando ansiosamente, la recibieron con mucha alegría y mucho amor, su amigo de los últimos años sugirió unas vacaciones para continuar sus vidas, la idea fue recibida con mucho beneplácito. El deporte favorito en su juventud era esquiar en la montaña nevada, por lo tanto decidieron tomar su sugerencia, la pareja gozaba mirando el crepúsculo reflejándose en la blanquísima nieve, al final de la semana regresaron al hogar, trayendo la sorpresa de una nueva vida en el vientre de la mujer, que llenaría de felicidad y esperanza el futuro de la pareja y borraría para siempre el horrible pasado, cinco días más tarde encontraron a su ex esposo colgado de la rama de un árbol, el cobarde no tuvo valor para enfrentar la justicia.

LA ILUSIÓN

¿Qué es la ilusión? Sencillamente deseos que queremos que se vuelvan realidad, nos ilusionamos con la idea de que cierta persona se fije en nosotros y sienta lo mismo que sentimos por ella, o que algo material que deseamos querer tener, se convierte en real, recuerdo cuándo siendo un niño de apenas 10 años, deseaba que me compraran una bicicleta motorizada, esto era una vana ilusión, pues me regalaron un par de patines, el dinero no daba para más, al correr de los años, nos ilusionábamos con la más bonita del barrio, cosa casi imposible de lograr, pues ella tenía muchos admiradores con buena posición en la sociedad, la ilusión es buena para la persona, pues le da el deseo de creer que se puede, pero, hay que tener un límite en su sueño y posibilidades.

Recuerdo las ilusiones de un amigo, estaba enamorado perdidamente de una mujer, que a ella no le interesaba él, pero lo tenía como amigo, se puede decir que le tenía lástima, él me decía que estaba seguro que a ella le gustaba su manera de ser, le dije que no se ilusionara, pues a mí no me parecía que así fuera. Pasó algún tiempo en el cual ella anunció su matrimonio con un compañero de la escuela de leyes, mi amigo cayó en una depresión que le tomó un tiempo para reponerse.

Hoy está de nuevo ilusionado con una bella chica y es correspondido.
Pero resumiendo, yo creo que la ilusión y el soñar debiera ser parte de nuestra vida hasta el final de la misma, cuando partimos de ella hacia lo desconocido.

FALSO AMOR, UNA TRAGEDIA

Tú dices haberme querido siempre lo cual no es verdad, teníamos los dos 24 años, y tú sabes que yo estaba perdidamente enamorado de ti, yo hacia lo imposible para que prestaras atención a mis súplicas de amor, todo en vano, pues tu reusabas hasta hablar conmigo, yo para ti era un pobre diablo, sin dinero. ¿Te acuerdas? Todo cambió cuando por cosas del destino, debido a la muerte por un accidente de un tío rico, heredé una cuantiosa fortuna. De pronto, yo era elegible para ser parte de tu vida, me decías que siempre me habías amado, algo imposible de creer. «Es triste que algunas veces el amor y el dinero sean sinónimos». Nos casamos y fuimos casi felices por dos años, los diez restantes fueron un martirio, todo aquello que compone el amor con una mujer, las caricias, los te quiero, la intimidad de dos cuerpos, etc., todo esto desapareció, cada uno cogió por su lado y años más tarde cansada de vivir regresas a mí, con tus mentiras de amor y sentimientos, tú eras una presencia por razones de necesidad. «Yo que siempre he dicho qué el amor es frágil y necesita el cuidado de ambas partes, no puede ser más cierto».

Regresando al recuerdo de los dos primeros años de nuestro matrimonio, decidí perdonar y tratar de olvidar para darnos otra oportunidad, pensando que tal vez, tú habías cambiado, me abrazó y lloró efusivamente, y juró que era otra persona y seríamos muy felices, le creí, pues tenía mucha fe que así sería, viajamos a distintos lugares, y el amor nació de nuevo, «eso creí» era una vana ilusión, empezaron los rumores de amigos de que ella me era infiel, no creyendo lo que me decían, decidí emplear un investigador para el fin de acallar esos rumores, dos semanas más tarde recibí el reporte del mismo. Todo su arrepentimiento, había sido una trama en colaboración con su amante de hacía algún tiempo, pensaban eliminarme y quedarse con mi dinero, lleno de rabia los busqué y los encontré en un motel, derribando la puerta, y, viéndoles hacer el amor, saqué el arma que llevaba a propósito, y les disparé, una y otra vez, el dolor de la traición era muy profundo, con el arma apunté a mi cabeza, pues quería acabar con mi vida de una vez por todas, cegado por la ira y el sufrimiento de lo que tanto dolor me causó, el arma se encasquilló y la bala no salió para terminar con mi existencia. Debido a la conmoción, llegó la policía, hoy estoy cumpliendo en la cárcel una condena por varios años.

Ya ha pasado un tiempo de aquella horrenda escena y reflexionando, he llegado a la conclusión que mi tragedia personal no impide que siga pensando que el amor es la esencia de la vida y todo se revuelve alrededor del mismo.

VOLVER A VIVIR

Salía de la oficina del doctor al cual veía periódicamente, debido a mi precaria salud, la que se deterioró por los abusos recibidos de mi antigua pareja, momentos terribles que creía haber olvidado, pero no «el pasado, de vez en cuanto siempre está presente» Cuándo la conocí, salía yo de la peluquería, y me di cuenta de que alguien me observaba, levanté la vista y vi aquellos ojos, que me miraban con mucha intensidad que despedían algo que me atraían, como un magnetismo tan profundo que no podía dejar de observarlos, aquellos ojos hablaban, de pronto me dijo, soy nuevo en el barrio, y, no la había visto anteriormente, déjeme presentarme me llamo <u>DON</u> así empezó la amistad con el que sería mi futuro esposo, al cual amé al principio y más tarde sería un ser que llegué a odiar con todas mis fuerzas, los abusos eran interminables hasta que un día me llené de valor y cuando dormía le cercené su hombría, por cierto debido a su imposibilidad de hacer el amor, se refugió en un monasterio. «La cárcel en la que cumplí 18 meses, calmó mi odio por los hombres, hoy día, renació en mi el deseo de encontrar al hombre que me haga olvidar todo el pasado».

Saliendo de la oficina del doctor, ese día oigo que me dicen, señora nunca he visto nada tan maravilloso; ¿me permite ayudarla a bajar la escalera y abrirle la puerta del carro? y a propósito, si no hay inconveniente quisiera invitarla a cenar esta noche ¿será posible? este caballero tenía la misma subyugante mirada de mi ex, creo que estoy volviendo a vivir, y estoy lista para empezar de nuevo. Chofer lléveme a casa, tengo que estar lista para una cena a la que estoy invitada, esta noche.

EL EMIGRANTE

Tenía yo 14 años, cuando sucedió lo imprevisto en mi vida, ella se mudó a mi barrio y yo la vi, me quedé petrificado, aquellos ojos verdes se posaron en los míos, yo no podía dejar de observarla, su figura esbelta y tierna de una niña de 14 años, se apoderó de mi mente ¿la habría conocido en otras vidas? O era solamente en mi imaginación.

La saludé con una timidez de adolescente, hola le pregunte? Tu eres de por aquí? No me contestaba, me miraba intensamente, también estaba confundida, al poco rato nos presentaron, yo le dije me gustaría conocerte y ser tu amigo, el deseo es mutuo – me dijo, yo asisto al colegio dos cuadras más abajo y ¿tu a qué colegio vas? al mismo le contesté. Así empezó nuestra amistad, que años más tarde llegaríamos más lejos, a los 18 años empecé a trabajar y a pensar en el futuro con ella, en los Estados Unidos. Mi novia no pensaba igual que yo en este proyecto, la unión familiar, era muy fuerte en nuestra vida de adolescente, se inmiscuyó una prima de ella que agriaría la relación de nosotros, sembrando las dudas del amor que yo sentía por mi novia, preguntaba, si ella era solamente un pasatiempo para mi, o algo serio para un futuro. Esa ponzoña de su prima logró el éxito, y por mucho que yo tratara de hablar con ella de mis aspiraciones en el extranjero, chocaron con el veneno que su prima había sembrado, y el amor que ella sentía por su familia era muy fuerte.

Algún tiempo después perdí mi trabajo, y debido a la renuencia de mi novia de venir conmigo, decidí irme yo al extranjero y tal vez unirnos más tarde.

Mis amigos y yo conseguimos un maltrecho bote que apenas cabían 5 personas, después de reunir varias provisiones y 6 galones de agua, partimos durante la noche de un lugar de la costa, hacia lo que pensábamos que sería un viaje de un día y relativamente fácil. El mar estaba tranquilo y no había una sola nube, pasaron varias horas y llegó la noche, la cosa cambió repentinamente, ya el mar no era tranquilo, el oleaje batía sin misericordia contra nuestro enclenque bote, empezaron los quejidos, los vómitos de los dos del grupo, la lluvia comenzó a batir nuestros cuerpos por horas, el miedo de coger pulmonía, era aterrador, esta miseria duró hasta el amanecer, al deslumbrar el día nos sentimos mejor, hasta que el sol hizo su aparición con sus rayos que nos quemaban la piel y no había donde esconderse. Un joven comenzó a beber agua del mar, habíamos perdido toda el agua dulce en el vaivén del bote, el joven estaba delirando y haciendo contorsiones con su cuerpo. Tiburones apareciendo por doquier, rodeando el bote, no se muevan les grité a algunos que estaban como en un estado de paroxismo, parándose en el bote. De repente… uno cayó al mar y empezó a gritar en estado de desesperación, al verse rodeado de los escualos, triste final… de uno de nuestros compañeros, todos oramos por su alma, el mar se llenó de ese líquido rojo que nos da la vida.

Llegó la noche y todos manteníamos un silencio sepulcral pensando que pronto íbamos a morir de hambre, de sed o ahogados, en el horizonte de pronto se vislumbró una tenue luz ¿sería un espejismo o estaríamos llegando a la costa ¿ empezamos a remar furiosamente y después de avanzar un poco, saltamos del bote y nadamos hacia la luz… ¡la playa!, ¡la playa! gritamos. Gracias a Dios, no era un espejismo.

Nos desmayamos sobre la arena. Un grupo de personas nos estaba observando y llamaron a las autoridades, nos ayudaron a ponernos de pie, y nos llevaron a algún lugar, donde nos dieron agua y algo de comer, nos interrogaron y días después nos dejaron en libertad, nos dieron algunos dólares y pasaje para Miami.

Meses más tarde y trabajando en diferentes ocupaciones, cada uno cambió el rumbo de su vida de acuerdo a sus deseos.

Yo había rentado un cuarto en una casa particular, un día en un momento de soledad, le escribí una carta a mi novia, dejándole saber pormenores de mi vida y no recibí respuestas a la misma.

Días después al escuchar varios golpes en la puerta y, al abrirla... Cuál no sería mi sorpresa. ¡Ver a mi novia! mirándome con esa mirada, como aquel que encuentra lo que desea encontrar.
¿Pero qué haces aquí? -le pregunté, al momento me di cuenta del error que cometí, al poner mi dirección en el remitente de la carta que le había escrito, semanas atrás.

Vine -me dijo, porque yo estaba equivocada al no venir contigo, tu sabes lo que sentíamos el uno por el otro. Pero... le dije yo tengo una vida diferente y conozco a otra persona y además muy pronto me llamaran a servir en el ejército ya que fui reclutado.

Al oír esto, ella lloró copiosamente y me pidió que recapacitara, porque quería estar conmigo y revivir tiempos pasados.

Al fin se calmó y comprendió la situación, llamé un taxi para que la llevara de regreso a su hotel. Nunca más supe de ella. ¿Cuál sería su destino? ¡No lo sé! ¿Habrá regresado a su país? Pero... Donde quiera que se encuentre le deseo la mayor felicidad.

Al día siguiente recibí una carta de la oficina de reclutamiento, donde se me informaba que me presentara; mi vida de militar ya comenzaba. Una nueva vida se vislumbraba para mí.

HISTORIA DE UNA VIDA DISOLUTA

Recuerdos

Desde la cama en el hospital donde me encuentro, con poco tiempo de vida en esta existencia, vuela la memoria hasta los años de mi niñez, a los 7 u 8 años, tiempos aquellos que todo era felicidad, jugando la mayor parte del tiempo con mis amigos, lo mismo niñas o varones, sin maldad de ningún tipo, Dios mío aquello si era felicidad, al transcurrir los años, llegó la pubertad, y los intereses en mi cambiaron al sexo opuesto, pues veía en esas encantadoras y deliciosas figuras, lo máximo de la creación, pues tan sólo con mirarlas, con esos movimientos tan rítmicos y sensuales que me transportaban a algo indescriptible, que a pesar de mi poca edad me hacían soñar, en descubrir, lo fantástico que sería al saber, y comprender lo qué me estaba pasando en todo mi cuerpo, al transcurrir los años me fui dando cuenta de lo que tanto ansiaba conocer ese sentimiento a veces, tan puro como el amor, en la unión de dos cuerpos vibrando en la intimidad en paroxismo de deseos y lujuria, debido a estos sentimientos tan fuertes, pensé que tal vez podía ingerir algunas pastillas desconocidas para mí, pero mis amigos me aconsejaban no hacerlo, yo les contesté que ya era un adulto, para saber lo que me convenía o no, error garrafal de mi parte.

Al principio me sentía muy eufórico, esto no duraba mucho tiempo, pues las caídas eran terribles pero traté de nuevo y con diferentes drogas hasta que me envicié, que ya no podía vivir sin ellas y teniendo relaciones intimas, con todo tipo de mujeres, sin importarme si eran de la vida fácil, de los lupanares de la ciudad, esta locura a los 30 años, trajo una sorpresa... Saber que había contraído una mortífera enfermedad, al no protegerme nunca de los encuentros fáciles con mujeres de la calle.

Han pasado 8 años desde que me diagnosticaron la enfermedad, ahora al final de mi vida, apenas con 40 años me veía desahuciado por la sociedad y todos aquellos que se decían ser mis amigos brillaban por su ausencia, tal vez tendrían temor de contagiarse de mi enfermedad y desdicha. Nunca pensé durante la vida loca que llevaba que en mi juventud vería el fin de esta triste existencia y aunque en el lecho de la muerte, me arrepiento de la vida disoluta que llevaba, sé que es muy tarde, lo único que me queda es pedir perdón a todos aquellos que herí sin pensar en las consecuencias.

Hoy lo que deseo sinceramente es que en el plano en el cual voy a residir, pueda comunicarme con los maestros y me dieran otra oportunidad para enmendar mis errores en futuras vidas, prometo ser diferente y trabajar con la juventud para aconsejarlos del peligro de las drogas y obedecer las leyes rigurosamente. Ojalá los maestros oigan mis súplicas.

MUJERES VESTIDAS DE BLANCO

Hace medio siglo, apareció en el cielo una nube blanca de esperanza para un pueblo sufrido que merecía ser feliz, estaban tan contentos la mitad de la ciudadanía, que pusieron cartelitos en sus casas ofreciendo las mismas al nuevo mesías, que esperaban que cambiaría el destino de un pueblo que siempre fue engañado por sus corruptos dirigentes, esa ilusión duró muy poco, cuando se dieron cuenta que esa nube blanca era una fantasía, pues nunca vieron que el verdadero color era el negro, que traería mucho dolor y tragedia a un noble pueblo por el abandono de sus gobernantes de la fecha.

Ya muchos años han transcurrido desde el fatídico día que apareció en el cielo cubano la nube negra. Pero poco a poco, las rocas inconmovibles de la sangrienta dictadura se han ido desmoronando, la esperanza de un cambio en la vida de un pueblo sufrido se vislumbra en la presencia de un grupo de valerosas mujeres vestidas de blanco, que ha llamado la atención de las naciones del mundo, que ya no son ajenas al descalabro y falta de respeto a la ciudadanía de un pueblo y que ya es hora que el mismo recobre su libertad y puedan escoger a los gobernantes que deseen.

Aunque todavía la dictadura esta firme como una roca, poco a poco la han ido socavando, estas valerosas mujeres, vestidas de blanco, la libertad se ve ya muy cerca, y el futuro de la isla más grande del Caribe. Será como un faro para todos aquellos países gobernados por dictadores de baja calaña y sin consciencia, y la unión de todos no será una ilusión, sino una realidad que unirá a los pueblos con la palabra libertad y el futuro se vislumbrará en el nuevo amanecer de felicidad para todos.

En años venideros, después de haber pasado esta hecatombe el pueblo cubano, es una página del libro de la historia, se recordará con orgullo y admiración, a ese grupo de valerosas mujeres vestidas de blanco.

EL ASTRAL

Ella, de pronto estaba frente a mí como si estuviera envuelta por las nubes, una aparición de una belleza increíble, ojos que pude observar que eran de un color almendrado, y una piel de color rosado y transparente que se podía ver a través de ella, ¿sería esto una imaginación de los sentidos? o ¿era de carne y hueso? yo recuerdo haberme quedado dormido la noche anterior, después de haberme tomado una copa de vino, que la encontré como si estuviera agria, en mi sueño observaba un mundo desconocido, en el cual las figuras se movían de aquí para allá, sin tomar un rumbo determinado, ¿sería esto lo que llaman el astral? De nuevo hizo su aparición la bella dama, vestida de blanco, de una tela que flotaba en el espacio, se me acercó, y susurró a mis oídos, te estaba esperando corazón, este es el momento tan ansiado que por tantos años esperé que llegará para sentir tu presencia. Dame la mano y acompáñame a nuestro hogar, lo vas a encontrar muy diferente al que estabas acostumbrado en éste mundo del cual viniste ¿me preguntas que quién soy yo? Ya habrá tiempo para explicarte corazón. Estuvimos unidos en otras vidas para siempre, como dos almas gemelas, tuvimos muchos altibajos en las mismas, pero siempre éramos tú y yo, me doy cuenta que acabas de llegar a este plano desconocido para ti, pero muy pronto tu memoria se aclarará, y haremos planes para poder regresar juntos otra vez. Dos vidas atrás no fuimos muy justos, el uno con el otro, yo tenía tres hijos que abandoné para seguirte a ti, tú eras militar y muy arrogante, pero muy apuesto. Nunca supe si de veras me querías, un karma que en la siguiente vida pagué muy caro pues tuve hijos que me abandonaron, por eso sufrí mucho, en esa vida nos encontramos de nuevo y tú me amaste mucho, lo cual aminoró el dolor que sentía por el abandono de mis hijos, escucha ¿no oyes las campanadas? Nos están llamando para despedir a alguien que regresa a la materia, esto aquí es una celebración, pues es un ser que tendrá la oportunidad de adelantar en su evolución.
Corazón, sígueme ya llegamos a nuestro hogar, tú verás lo felices que vamos a ser en nuestra nueva morada.

SOLILOQUIO
DE UN ESPÍRITU DESENCARNADO

¿Cómo, que tengo que regresar? ¡No! No regresaré a ese lugar en el que tanto sufrí, mi vida no tenía descanso, solamente problemas y tormentos, después de todo, yo decidí abandonarlo todo, cometiendo lo indecible.

Ahora, con sólo pensarlo he creado mi casa y un bello jardín con flores de todos los colores y aromas. ¡No! De ninguna manera he de regresar a esa vida tan degradante y horrible que tuve cuando era un ser humano. Tengo que convencer a los maestros, que yo rehusó seguir el mandato de ellos, después de todo ¿qué pasó con el libre albedrío ¿de qué tanto se habla? ¡No! De ninguna manera regresaré... no entiendo ¿qué está sucediendo?, ¿qué son esos gritos? y ¿qué es esa agua en la que me encuentro sumergido? ¡Dios mío me voy a ahogar!... y ¿qué es esa oscuridad por la que me obligan a pasar? ya me está dando sueño, no puedo evitarlo.

Oigo exclamaciones ¡que niño tan lindo! ¿estaré de regreso al mundo que abandoné? Dios mío dame fuerzas para resistir.

¡Oh! Alguien me abraza tiernamente ¡que calor tan bueno!... creo que después de todo, este lugar no es tan malo. Me voy a quedar.

IRMA V. PÉREZ

Nació en Matanzas, Cuba, el 9 de Marzo de 1959. Cursó sus primeros años de estudios en su ciudad natal en Matanzas. Continuó sus estudios superiores en la escuela "Máximo Gorki" en Ciudad de La Habana, donde se graduó de Profesora de Idioma Ruso.
Al terminar regresa a su ciudad natal donde imparte clases en la escuela de Idiomas Provincial.
Se casa con un expreso político cubano, emigra en el año 1990 a Estados Unidos, radicando en la ciudad de Hialeah, Miami. Tiene dos hijos. Actualmente participa en el Club de Literatura dirigido por Francisca Argüelles. En el Club "Atenea" de Orestes Pérez y en la Sociedad de Poetas y Escritores", dirigido por la escritora Azálea Carrillo." Ha participado en diferentes concursos de cuentos y poesías.
Sus cuentos son desarrollados con base al profundo potencial humano y pueden ser muy controversiales.

Vivianp3959@yahoo.com

A mi madre, mis hijos y a Dios.

"No escribimos porque queremos.
Si no porque lo tenemos que hacer."
-W. Somerset Morgan

Derechos reservados

UN DÍA ACIAGO

Desde el día antes ya estábamos en el campamento, era la primera vez que veníamos. Siempre me han gustado las excursiones y pocas veces habíamos podido disfrutar de ellas, el optimismo estaba al máximo y creo que lo hubiésemos logrado con un poco de suerte, pero no fue así.
Aunque tenía ya 40 años, no me interesaba atraer miradas, amo la vida, su belleza, pienso que es un regalo e intento aprovecharla al máximo y exprimo esa naranja tantas veces como me sea posible, mientras encontremos en ella, aunque sea una gotita de ese sabor delicioso y dulzón que nos hace agua la boca y en muchas ocasiones no percibamos el privilegio de disfrutarlo, porque lo contamos en nuestra inconsciencia como algo seguro.
 La cabaña estaba equipada para nuestras necesidades más elementales de nuestra estadía allí por 7 días. ¡Vacaciones! ¡Maravillosas Vacaciones! ¡Merecidísimas vacaciones! En fin, eso esperábamos.
Miré por una de las diminutas ventanas, me asombré al encontrarme con un bello paisaje, un paraíso de verdor, cielo azul, un sol fuerte en esa mañana.

La fuerte luz del sol bañaba la vegetación, los frondosos flamboyanes y otras plantas de exuberante aspecto se perfilaban junto a la cerca de madera, los cocoteros se empinaban hacia el cielo. Abundaban las margaritas, las vicarias, lo mismo blancas que amarillas y en la distancia dominantes pinares tapizaban las laderas leves de las colinas. Escuché con atención el torrente de vida oculto en la maleza, sonidos producidos por los insectos y las alimañas, fijé en mi memoria la serena belleza de ese paisaje que al paso de unos pocos años formarían parte de un vasto complejo turístico.
Tan callada estaba e ensimismada, por tanta belleza que no oí cuando mi hijo me llamaba:
-¡Mamá! ¿Mamá? ¿Qué haces ahí parada? ¿Pasa algo?
-Nada hijo, es la belleza, la tranquilidad, la serenidad que siento. ¿Vas a desayunar Caleb?- Le pregunté.

-Sí, mamá- respondió él.

Miré el pelo de mi niño con sus rizos dorados y largos, llegando a sus hombros, sus brazos terminaban en manos suaves y largas, su mentón fuerte, frente liza, boca roja, risueña, mostraba su miniatura de dientes blancos, su voz dulce y musical diciéndome:

-¡Mamá!

Sólo tenía 7 años y era una belleza en ciernes, no se parecía en nada a mí, todo él, era el vivo retrato de su padre, incluso sus ojos grises, grandes, su mirada vivaz y su andar rápido, hasta en esa manía que tenían los dos de mover el brazo y hombro izquierdo, se parecía tanto que daba roña. ¡Sí, roña! Que ni siquiera sabía su nombre, que no viviera como yo al pendiente de él, que no supiera cuando reía, lloraba o tenía dolor, cuando comía o dormía. ¡Bah! No importa, él se lo estaba perdiendo todo mientras yo, lo disfrutaba entero.

Llevé mis manos a su rostro en el más maternal de mis ademanes, mientras miré a mi alrededor por primera vez con minuciosidad digna de un solemne acontecimiento.

En los altos de la habitación habían construido el dormitorio donde estaban dos camas, todo rústico, con sus ventanas en alto y cortinas en blanco y verde haciendo juego con sus cobertores que estaban distendidos y arrimados a un costado, por el hecho de haber dormido con ellos por encima nuestro.

Debajo se encontraba la cocina, el baño, una sala pequeña con su sofá cama y una mesa de comedor con sus cuatro sillas. Entré y preparé el desayuno a Caleb.

Era domingo en el campamento, el día se deslizaba de un modo tranquilo. Nos tumbamos al sol junto a la piscina, nadamos un rato y al salir del agua aplacamos nuestra sed con generosas gaseosas y helados. Dormí una pequeña siesta después del almuerzo, me enfrasque más tarde en la lectura de un libro y hablamos de la hospitalidad de nuestros nuevos amigos que nos habían invitado a comer esa noche. Caleb se entretuvo con sus videos juegos encima de su cama y yo salí al porche a tomar el aire fresco.

Un dilatado atardecer se asomaba por la ventana, me senté en la mecedora del porche, no se escuchaba nada, ni siquiera el zumbido de los mosquitos, era como si el mundo se hubiese detenido un segundo, de pronto todo fue sacudido por espasmos infernales. Una de las columnas de madera se vino abajo, entré corriendo a la cabaña, logré subir hacia la habitación de arriba que estaba infranqueable, por una escalera estrecha y semi-destruida. Dominé mis instintos que me sacudían. Grandes fueron mis esfuerzos para conjurar el mal.

Removí con cuidado las partes quebradas tratando de llegar a donde se encontraba Caleb. El desespero me consumía. Fue horrible la escena, su cuerpecito quedo atrapado, era un amasijo entre las sábanas, sus juegos y los troncos de madera encima de él. Intenté separar su cuerpo de los trozos de madera, lo llamé por su nombre y no respondió. Me sentí impotente al darme cuenta que el mal ya estaba hecho.

Conocí el horror de tan dura verdad. La tierra dio una última sacudida y todo junto a ella se estremeció, no tuve tiempo para pensar o llorar, en mi desesperación sólo quería escapar con su cuerpo, debía salir lo antes posible, lo aferré contra mi pecho, mientras con mi otro brazo trataba de abrirme paso, logré bajar con él. Seguían cayendo fragmentos del techo y de la intrincada armazón que apuntalaba la cabaña. Salí afuera con mi niño, no volví siquiera una vez la cabeza, oí el estruendo del desplome y vi también fuera el desastre acontecido, padres, madres, niños, que como yo sufríamos nuestras pérdidas, muchos sin encontrar siquiera sus cuerpos.

Se apoderó de mi la desesperación que engendra la impotencia, mis ojos sin brillo traducían con intensidad un desgarramiento y un gran vacío, oí mil ruegos a la piedad y a la muerte. Cargué con delicadeza mi niño, le hable en voz muy baja, lo acuné, acaricié, susurré a su oído para que nadie más nos oyera, renegué de Dios y de todo. Alguien puso su mano sobre mi hombro y dijo:
-¿Tú entiendes, verdad?
- ¡Entender!- ¿Qué debía entender?- ¿Escuché bien?
Llega un momento en la vida que es preciso entender, es inevitable entender, es imposible explicarse la razón de lo que sucede,
aunque esta sea la comprensión de una perdida fundamental, es preciso asumirla, pero me negué, me negué y hundí en mi pecho su cuerpo con un jadeo que no disminuía en intensidad, sentí que el brillo de mis ojos se apagaban y que no regresaría nunca, fijé mis ojos en él, mientras mi mano acariciaba su enmarañado pelo.

El tiempo ha transcurrido y no he podido borrar de mi mente aquella horrenda escena. Suficiente razón para cometer una acción descabellada, como quitarme la vida. Si hubiese tenido la entera certeza de encontrarlo al otro lado, no lo hubiera pensado ni un segundo y hubiera actuado según los dictados de mi corazón, pero mi conciencia y fe, me enseñaron que existe otra forma de encontrarme con él, ya frente a Dios, quien nos juzga y perdona nuestros pecados, elevo una oración con el ánimo de recibir las dadivas del señor. "Espérame hijo."

A pesar del tiempo transcurrido yo espero tranquilamente en aquella mecedora del porche de la cabaña, para seguir viéndolo con sus videos juegos. Él y yo conversando en un lenguaje eterno, porque a pesar de mi cordura, nunca se borrara de mi mente. Seguirá vivo porque él, nunca será ausencia, es parte de mis vivencias y aunque las personas no lo crean, los buenos momentos son los que me dan fuerza, hasta el día que vaya a su encuentro.

Dos años después de la desaparición física de Caleb sigo rezando sin perder la esperanza, sin embargo, estoy mucho más en paz conmigo misma, con mi destino y con Dios. He regresado a mi trabajo, participo activamente como voluntaria en el Hospital "San Jude" y atiendo a madres que han perdido o están a punto de perder un hijo e incluso he adoptado a una niña con leucemia que me hace vivir el día a día muy rápidamente, se llama Bella, tiene sólo 2 años de edad, me siento muy orgullosa de ella, como me siento de él y de toda esa fuerza que tiene para enfrentar su enfermedad. Nunca esto se me hubiera ocurrido antes. Al mirar las fotos de Caleb supe que fue feliz, muy amado, aún los ojos se me llenan de lágrimas al recordarlo. Siento alegría porque Caleb tuvo una infancia perfecta y remordimientos porque Sam y Bella no formaron parte de ella, pero tengo de confesar algo: accidentalmente encontré al papá de Caleb, Sam, es un médico ejemplar, buen esposo y padre de 2 niños preciosos, muy parecidos a Caleb. Mucho tiempo estuve indecisa en decirle o no de la existencia del niño, al final, mi madre me aconsejó que si lo hiciera, que eso me liberaría un poco de mi dolor y remordimiento. Así fue. Me cité con él en la cafetería del hospital, me escuchó muy atentamente. Al principio se enfadó bastante, días después, fue él quien me citó. También estaba su esposa Laura, lloramos juntos durante un rato. Compartimos momentos vividos de la infancia de los niños Caleb y Bella y de los dos niños de su matrimonio con Laura. Hoy día trabajo con Laura como voluntaria en el Hospital "San Jude".

Disfrutamos con los niños risas y alegrías, también los ayudamos a soportar las tristezas y el dolor.

Comprendo que una sonrisa es más poderosa que cualquier palabra, este es el mensaje oculto que Dios tenía para mí. Aún hablo con mi hijo casi todos los días, y le muestro mi mejor sonrisa. He tenido buenos y malos momentos, abundancia y escasez, pero lo más importante es que estoy viva.

He reflexionado sobre esta situación muchas veces desde que sucedió y he aprendido de esto varias lecciones.

Todos los días me detengo y huelo una rosa, pocas veces nos detenemos por algo que creemos menudencias y no sacamos verdaderamente tiempo en nuestras agitadas vidas para disfrutar el mundo que nos rodea, quedándonos atrapados en esas agendas cogestionadas, el tráfico o la vida en general, sin darnos cuenta que hay otras personas a nuestro alrededor. Eso me lo enseño mi hijo.

Si pudiera vivir mi vida otra vez lo haría de la misma manera, me levantaría bien temprano en las mañanas, sólo por ver su cara mucho más tiempo y usaría mis talentos dados por Dios, para ayudar a otros menos afortunados, tomaría más calma y tiempo para mirar a mi alrededor y no perderme todas las maravillas que me ofrece la vida. Seguiría creyendo en Dios porque ha hecho que gracias a él, Bella y otros niños, a los que acojo, mis raíces penetren profundamente en la tierra, debajo de mí y que mis hojas den sombra para cobijar a almas que necesitan amor.

Quiero anunciar la primavera día a día y sentir el calor de sus manos sobre mi cara, sus sonrisas y la bendición suya en las mañanas.

Podré abrazar a mi hijo, mirarnos a la cara, no sentir vergüenza de haber sido una cobarde que actúo precipitadamente. Hago una silenciosa oración diaria, agradezco que su vida fuera puesta en mis manos, y haber sido bendecida con el milagro de haber visto y disfrutado su sonrisa, en el tiempo que compartimos llenos de alegrías.

MI CIUDAD

Matanzas, ciudad de playas, ríos y puentes
donde el viento acaricia sus espumosas olas
distancias puestas con nombres en sus paredes
sueños oscuros y canteras sin esperanzas.

Un silencio de muerte que la recorre
sin lluvia, sin mástil, sin palabras
ennegrecen las estrellas en la noche
las murallas se quiebran extraviadas.

El mundo clama tu porvenir ausente,
ausencias profundas, hombres derrumbados
hay sangre caída de hermanos sagrados
atravesando mares, puentes y llanos.

Un agudo lamento de sueños despojados
gritaré al espacio mis años desterrados
un canto ardiente, libre, recorrerá mi pueblo
y se abrirá un horizonte en el abismo.

Eres sueño hermoso que la mente no olvida
mi almohada confidente comparte mi pena
llegaran los ecos de mi bahía enrojecida
antes que el sol se asome a la marejada.

MI ÁNGEL
«A mi hija Elizabeth Ponce»

A ti te recibí,
en una noche fría,
viniste a dar calor
a toda el alma mía.

Tus manitas calientes,
tu piel tersa y lozana,
tu carita de ángel
con ojos deslumbrantes.

Te abracé tiernamente
te refugiaste en mis brazos
con mirada serena
y corazón palpitante.

Supe que eras un ángel,
que Dios enviaba a mí,
supe que te amaba,
desde que te vi.

ARBOLEDA

En mi casa estoy sentada
en esta bella arboleda
aquí se muestra la luz pura
y la eterna primavera
Porque tienes olivares
un limonar muy lunero
nidos de aroma, de ritmo
y la corriente de un río
Desde el rico amanecer
inmenso en su cantar
mi alma se deja crecer
y palpo su día a día.
Pisando los corredores
el ruiseñor bien temprano
a todos nos da la mano
entonando sus cantores.
Cimientas tu fortaleza
fructificas los quebrantos
gozándote sin flaqueza
dando sentido a mí canto.
Con las risas de mis hijos
su saber, sus acertijos
realzas tu maravilla,
y yo inquita en esta silla.
Cuando el aguacero corre
bajo tu suelo sureño
se siente un olor a ocre
con tu pintura de antaño.
Morada de fiel grandeza
templo bello, de frescura
me haces sentir tu dulzura
con la miel de tu hermosura
Con su amor, y con su aroma
doy gracias a su hospedaje
donde ha llegado a su cima
con su lustroso plumaje.

NO TE OLVIDES

Hay aquí un pasto de verdura
hay aquí una espesura
hay aquí un agua clara
hay aquí una blancura.

El cielo con sus colores
el monte con sus canciones
y este dudoso llanto
que a todos nos descompone.

Los ojos se me clavaron
en sus orbitas heladas
yo no alcanzo ya este engaño
ni prolijo este amorío.

El sujeto frío y duro
con locura y desvarío
entró a la mar ya cantando
y salió requeté frío.

Si es conjuro cuanto digo
la tristeza cubre el cielo
reina en todo un desconsuelo
y miro bien hacia el suelo.

A la sombra voy tendido
al son dulce acordonado
gozar quiero bien del cielo
libre de amor y de celo.

A solas y sin testigos
las flores voy esparciendo
ofrecen miles de olores
y un mazo de no-te-olvides.

NOS LLEVA LA VIDA

En éxtasis, sin sentido
es el modo en que he vivido
subida bien a tu vuelo
sólo besando el suelo.

Soy una fruta dormida
una luz bien consumida
de este dulce amor pasado
sin luz, que se ha terminado

Oyendo susurrar la lluvia
veo tu ángel con lujuria
va cayendo bien la brisa
sin una sola sonrisa

Tus ojos en la embestida
se acercan mucho a la herida
la llaga, ya está dormida
con su luz muy consumida

Cautivas mi descontento
que no oye tu tormento
de este amor con sus desvelos
donde clamas, tus anhelos

Aprendí a no callar
tejiendo juntos, el telar
soy llama que languidece
tratando de componerse

Empeñándome en el sueño
con mi triste desengaño
porque ando a la derriba
muerta en pleno acto de vida

Soy la sombra, soy plumaje
de tu amor un gran ramaje
de este antaño linaje
conociendo tú, mí hospedaje

Dejas ya tu antigua huella
bajo la luz de tu vela
nos vence la noche oscura
es mi sombra la penumbra

Nos lleva la vida en vilo
cabalgando en su castillo
¿Y afuera espejo?
¡Afuera, es sólo un reflejo!

¿QUÉ ES DOLOR?

¿Qué es el dolor?
me preguntaste un día.
Oí su confesión como un espía
cuando abandonaba su torre de vigía
su habitación junto a la mía.

Quiso amarrar su vida a una añoranza
me adapté a la penumbra de su alma
ausencias forzadas en larga lanza
refugio sin luz sobre la bruma.

Se convirtió lo nuestro en la rutina
para dormitar un sueño inacabable
el tiempo iba anunciado su condena
haciendo un resplandor impredecible.

De vez en cuando una risa, una espina
un largo aburrimiento se coló en la alcoba
busqué un suave refugio en casa ajena
paredes de otro cuarto, y yo soñaba.

En realidad el destierro se hizo presente
un silencio de hielo en las mañanas
algún quejido, como puñal en instante
unas miradas con furias repentinas.

Poco a poco nos fuimos apagando
rechazaba sin dolor, mi abrazo
¿Para qué estaremos alargando?
Me dejó en la soledad en que agonizo.

Me llamaba, recuerdo en su agonía
con la líquida mentira de una lágrima
dando lugar a esto en su porfía
pagando un alto precio, por su alma.

La injusticia se hizo insoportable,
más ¿Qué importa la muerte en este día?
no tengo lugar en este mundo adorable
si yo he muerto ya, como un espía.

¿Para qué preguntaste, si dolor tenía?
¡Si tú, ya lo sabías!

Un Horizonte Literario..

ELIZABETH PONCE

Escritora Norteamericana, nacida en Miami, Florida, el 9 de Octubre de 1993. Hija de la escritora cubana Irma V. Pérez.
Realiza sus estudios primarios en la escuela "James H. Bright" en la ciudad de Hialeah, continúa sus estudios de secundaria en la escuela "Henry H. Filer", donde se gradúa con honores. Actualmente estudia en la escuela "Westland Hialeah Senior High", donde cursa sus estudios superiores. Se graduara en el año 2012. Entre sus planes se encuentra estudiar Diplomacia Internacional en la universidad.
Ganadora del concurso nacional de escritura "Young Author" a la edad de 7 años, donde le fue concedida la universidad pagada.
Ha participado en concursos de poesía y escritura. Pertenece al "Club de Literatura" que dirige Francisca Argüelles, "Club Cultural de Miami Atenea" dirigido por el escritor Orestes Pérez y "La Sociedad de Poetas y Escritores de Miami" dirigido por la escritora Azálea Carrillo.

Eponce10.09@live.com

A mi madre y al de Arriba.

"La poesía no es un giro suelto de la emoción, pero sí un escape de emoción; no es la expresión de la personalidad, pero sí, un escape de personalidad. Pero, por supuesto, sólo aquellos que tienen la personalidad y las emociones saben lo que significa querer escapar de estas cosas."
-T.S. Eliot

Derechos reservados

SEÑORA

Usted fue la mujer que lo tuvo todo,
y nada a la vez,
la que lo perdió sin mirar atrás.
La dama que nunca,
aprendió a amar ni a respetar,
lo que siempre creyó suyo.

Usted supo que una vez fue desdichada,
pero se conformó con el pronóstico
y nunca buscó su propia suerte,
más allá de donde sus ojos llegaron a dar.

Usted es de las que sus hijos
prefieren no mencionar,
rechazando su cercanía sin piedad.
La que soñó un futuro
que nunca pudo llegar a ser,
porque nunca lo buscó.

Esto es para usted señora.
la que me hizo llorar y odiar.
No me hizo nada bien,
pero no le deseo nada mal.
Yo iré por mi propio camino.
Y usted señora, por el suyo.
¡Rece, rece mucho porque nunca,
nos tropecemos los dos!

VOY A CASA

Miro el anochecer, veo su luz
hasta que llega lo que esperaba
y anhelaba: la obscuridad.

Lo hacía todas las noches,
pero hoy es diferente.
Mañana no sé donde estaré.

Quiero ir a casa,
el lugar al que pertenezco.
No donde yo nací, sino donde moriré.
Dejaré detrás los recuerdos y risas,
las penas y alegrías
y hasta el amor.

Quiero tener nuevas experiencias,
nuevas vivencias,
donde no me juzguen por mi pasado.

Anochece y espero.
No me molesta este viento frío
que recorre mi cuerpo,
quiero que borre tu presencia
y tu perfume de mi memoria.
¡Quiero que llegue el futuro!

Doy mi espalda a todo lo que pasé,
esos días de lluvia constante, sin sol,
a este lugar donde las caras me reconocen,
veo día a día mis errores.

Sin siquiera vivir una noche de paz,
ni una mañana sin soledad.
No corro, simplemente camino,
con los mismos vuelcos
y arrebatos que el resto

Llega el otoño,
siento que sus hojas
no son arrojadas en vano,
porque mi razón de ser
es el amor que habita en mí,
como gota de rocío
que se dispersa en la tierra,
sobre mi piel.

Abro los ojos.
No sé si es atardecer o anochecer,
no pretendo borrar todos mis errores.
quiero aprender de ellos
y crecer un poco más.

Quiero irme ya.
Este lugar no es suficiente para mí.
Siento que la eternidad
de un segundo
es más poderosa
que esos deseos
reprimidos y sin soñar.

El canto ya no sale de mi alma.
Como ese antiguo frenesí
que es preámbulo de pasión
y me condeno a esta realidad
que no acaba de llegar.

Ahora me doy cuenta,
que no has aprendido a amar.
Hundo tu imagen
que el río me devuelve,
dejando huellas en mis manos,
 con tu nombre envuelto aún en una caricia.
¡Voy a casa, mi hogar!

REINA ¿DE QUÉ?

Soy la reina del Universo,
de la noche y del azul cielo,
llena de estrellas chispeantes
y de vida sin un solo fin.
Soy la reina de los humanos,
del mortal y el inmortal,
llena de sangre caliente
y pensamientos errantes.

Soy la reina de la tierra
de campos verdes y montañas altas,
llena de flores en primavera
con aguas de plata y sazón.
Soy la reina del viento,
de las hojas verdes que bailan
llena de color y vida,
con flores entre mis pies.

Soy la reina del fuego,
del grito bravío y rojas llamas,
llena de furia y de odio
cuando lamen mis talones.
Soy la reina del agua,
de los siete mares verdes,
llena de tormentas de furia,
con espumas de color.

Soy la reina de todo,
del cielo y del amor,
llena de risas en mi mente
y con gritos de dolor.
Soy la reina de la nada,
de la espuma, del color,
llena de inmundicia y odio
con aullidos de amor.

SÓLO NEGRO

Miro hacia el mar,
veo tras las olas color turquesa
el sol reposando bajo su manto
amarillo, rosado y púrpura.

Sé que pronto estaré contigo,
pero antes recuerdo
el primer y el último día sin ti.

Sólo recuerdo negro,
veo negro, todo negro.
Aunque todos vayan de blanco,
yo sólo veo negro.
Una hilera de carros,
todos negros, sólo negros
como mi corazón.

Despréndelo y llévalo con tus flores
Allá de donde nunca regresarán.
¡Miro dentro de mí,
Y sólo veo negro!

Quise desaparecer,
no verte partir cuando el cielo lloró.
¿Cómo pudo pasar?
No lo sé.

Sólo sé que pronto estaremos juntos.
Muy pronto, tan pronto como cuando
una mi cuerpo al mar bravío.
Pronto, te veré muy pronto.
¡Ahora!

FINAL

Déjame sola
ten esperanza en que muera,
recuerda siempre
que soy inmortal,
pero, no indestructible.

Entierra mi corazón
cúbrelo de lodo,
recuerda siempre
que te ayudé a vivir,
pero, te he matado al final.

Di tristemente que he muerto,
hazlo con repugnancia,
recuerda siempre
que lo sabía,
pero, he rogado vivir.

Ayúdame a nadar
hazlo ahogándote,
recuerda siempre
que intenté salvarte,
pero, te he hundido
Al final.

BALSEROS

Van ligeros, muy ligeros
atravesando la mar,
con angustias, sufrimientos
a tierra quieren llegar.

Comparten penas y heridas
en esa seca sabana
que detienen sus arriesgadas
sombras que los iluminan.

Sus gargantas están resecas
¡La esperanza, ya truncada!
Al sol le ocultan sus caras
en tan cruel encrucijada

Son poquitos los que arriban
a esta tierra tan ansiada,
con pena en su alma acaban,
dejando atrás ¡Su morada!

LLAMAS GEMELAS

Caminé a pie por todo el mundo,
para calmar mi mente agitada.
Corrí por la costa
navegué por el Mediterráneo.
Solo regresé con ella, más sola aún.

Por fin dejé mi cuerpo
en el mar del tiempo,
cuando regresé ya había desaparecido.

Escalé los Alpes y recorrí Roma
sin encontrar ni trazo de él.
Pase un verano en China sin hallar nada.
Caminé por la gran muralla,
esperando a que llegara.
Encontré un "doppelgangle"
pero nada de él.

Busqué en el Gran Reloj
y al marcar las doce
marché sin mirar atrás.
Llegué a Versalles,
me encontré el fantasma
 de lo que pudo ser y no fue.

Sin fuerzas me entregué al destino.
Le pregunte: ¿Dónde está?
Ese, que me robó mi alma,
la buena mitad de mí.

Alguien que me ame
sin preguntar ¿Por qué?
Alguien que me abrace
sin necesitar razón.

¿Será posible que este delante de mí?
¿O este bajo un disfraz?
Hay suficiente para todos.
Di, ¿por qué? estoy esperando mi turno.
¿Por qué estoy sola?
Cuando hay un alma gemela para todos.

Él calló.
Y si tenía opinión se la reservó.
¿Alguien escucha mis gritos?
Dime si escuchas.
¡No eres fácil de encontrar!

NUNCA

Nunca había pensado que el amor
Podría ser tan exigente,
hasta el punto de abrumador.
Pero te grito y respondes calmadamente
"No hay nada que puedas hacer para detenerme".
Busco en mi mente algo que responder.
Cuando todo lo demás falla,
te pido: ¿Por lo menos lo puedo intentar?

Te veo caminar y contigo llevas las palabras
que jamás dijiste, jamás escuché.
Dices que estás vivo, sin miedo.
Pero, ¿Lo estás realmente?
En mis brazos sólo mueres.

¿Dónde está tu corazón?
Parece que esa parte ha cambiado demasiado.
¿Quién lo hubiera pensado?
Sólo tú.

Desvanécete hacia lo obscuro,
ponte a andar.
Eso es lo que haría yo al ver el final.

Seguiré viviendo e intentaré perdonar.
Voy a estar bien.
Ahora y otra vez te recordaré,
puede ser demasiado tarde
en sólo un segundo.
Sé que tu fantasma persistirá,
pero mentiría si dijera
que quisiera que fuera de otra forma.

Esto es para todo lo que nunca me dijiste,
nunca llegarás a decir.

Por todas las cicatrices que no han curado,
y nunca sanarán.

Los fantasmas no me encontrarán,
porque ya no estoy;
no he dicho que esperaría por siempre
y tú dijiste que nunca regresarías,
dicen que nunca es demasiado tarde,
pero esta vez, lo es.

Así que ahí está, ¡Brillante!
¡Brillante! al otro lado del vacío.
Es incompleto.
Dos no es lo mismo sin uno.

REINA NUBIA REMÓN

Nací en manzanillo, provincia de Oriente, Cuba. De niña me gustaba la poesía, los cuentos y las historias. A mis ocho años de edad les contaba a mis hermanos historias y cuentos que yo creaba. Luego, en mi adolescencia me trasladé a la Habana donde comencé a escribir los primeros poemas de amor.

Curse estudios en la escuela de monjas, Santa María de los Ángeles; Posteriormente pasé a estudiar en la escuela "Nóbel Academic" el curso de secretariado. Luego me matriculé el curso de periodismo que se impartía en el periódico "El Mundo" de la provincia de la Habana.

La nostalgia me invadió a partir de a mi llegada a los Estados Unidos De América. Actualmente resido en Hialeah, Florida.

Explorando en la Internet encontré un sitio conocido como: "Centro Poético" radicado en España, donde participaban poetas del mundo. En esa ocasión, tuve la oportunidad de participar con uno de mis poemas "El Silencio "Quede semifinalista en este certamen, y fue reconocido con una mención por su valor poético.

Con el afán de continuar mi labor literaria tuve la oportunidad de conocer al "Club de literatura" conducido por la Sra. Francisca Argüelles.

reinamon@yahoo.com

Dedico este libro
A mi esposo, hija, nietos, hermanos y amigos;
así como al resto del mundo que aman la literatura,
A los integrantes del grupo que tuvieron esta magnífica idea de hacer realidad esta antología.

REFLEXIONES
Vivo mientras exista la esperanza"
"Donde el amor esté, habrá poesía"

EL AMOR

El amor es la fuerza
de nuestro sentir
el amor nos lleva donde no queremos ir.

Nos arrastra por caminos
que no queremos llegar
y cuando estamos ya adentro
no nos podemos escapar.

El amor, es la fuerza que domina
los caminos de la vida
y nos pone y nos tira donde él quiere
y determina, ya no hay fuerza
que dirija ese sentir

Derechos reservados

EL SILENCIO

Calla amor
no digas nada
no es necesario
Sólo el silencio
que llevo dentro
lo está diciendo

¡No!
No es el comienzo de esto,
lo nuestro, es más inmenso.

¡No!
No es recuerdo;
es como sueño,
es como versos.

Como silencio
de cosas muertas,
que van viviendo.
y van diciendo
cosas inciertas.

¡No!
No es que yo
quiera que sigan
muertas.

EL SUEÑO

Yo te amaré
como algo lejano.
como algo que un día
se me fue de las manos.

Yo te amaré,
como aman las aves
que emprenden su vuelo
a países lejanos,
y van dejando atrás
su dolor y pasado.

Yo te amaré,
como un bonito recuerdo,
sintiendo que nunca
nuestro amor haya muerto.

Yo te amaré,
como un hermoso sueño
que paso por mi vida
sin dejar un recuerdo.

LA FUERZA DEL AMOR

El amor nos transporta
a lugares insólitos
y nos hace sentir
que no somos nosotros.

Nos lleva a destinos
que no hemos vivido
y a veces nos vemos
casi sin sentido.

Nos arrastra a lugares
que nos trae pesares
y a veces queremos
arrancarnos estos males.

Nos tiende trampa
que nos atrapa
y para siempre,
nos deja marca.

TRES PALABRAS

Quiero escribirle
a la vida, al amor
y al dolor.

La vida es la que damos,
cuando amamos de verdad;
el dolor es lo que sentimos
cuando el amor se nos va

Tres palabras que llevamos
como si fuera un compás
cada una de ella dice
lo que tiene que decir.

Que la vida y el Amor
no están lejos del Dolor

TODO ESTA AQUÍ

Ayer te busqué
no hallé tu cuerpo
sólo silencio,
sombran, dudas,
un gran misterio.

Toqué mi cuerpo
buscándote a ti
sabía que me pertenecías
y quise hallarte en mí
de nuevo el misterio
cayó sobre mí...
Sombras de un nuevo día
volvieron a mí
y un silencio que me dijo
Todo está aquí.

LA HERIDA

Hoy llevo como cadenas
alrededor de mi cuello
y ciento miles de heridas
que me van quemando dentro.

Heridas de mil dolores
y cientos de sin sabores
y un millón de pasiones
destrozando corazones.

Corazones que se ahogan
y se hunden en el llanto
que no desean sentir tantos
estos miles de dolores.

DE LEJOS

De lejos te amo
de lejos te llevo
en mi corazón
y te siento como una canción
de esas que se escuchan
con un gran dolor.

De lejos te llevo como
un gran viajero
que nunca se olvida
de los recuerdos, que
lleva escondido en un
rinconcito, de sus recuerdos
el más bonito.

De lejos te llevo
como un diario
como un manuscrito

allí bien escondido
allí bien guardadito
de mis recuerdos
el más bonito

DE QUE VALE DECIR

De que vale decir
que ahora extraño
tus besos, si tu ahora
no quieres que recuerde
lo nuestro.

De que vale decir
lo que sigue presente,
mucho menos decirles
estas cosas a la gente.

De que vale decir
que no vives conmigo
si tú siempre estarás
aquí bien escondido.

De que vale decir
que me tiraste al olvido
si tú siempre serás
lo que más he querido.

De que vale decir
lo que saben lo nuestro
si todo el mundo ya sabe
lo que llevo por dentro.

LEJOS DE TI

Después que te fuiste
sola quede.
llego un día,
llego otro día.

Alguien me dijo
algo de ti
no quise oírlo
no quise oírla,
no sé quien fue

Sólo supe,
que desde aquel día
que tú te fuiste,
sola quedé.

Paso el tiempo,
no sé cuánto,
el suficiente
para morir
lejos de ti.

LA LLUVIA

Cayó la lluvia
Sobre mi cuerpo
un agradable viento
Sentí sobre mí.
Mi ropa humedad se pego
a mi cuerpo
y de nuevo el viento
allí lo sentí.
Todo pasó;
se fue la lluvia
se fue el viento
y todo quedo
en el tiempo
de esa noche de lluvia.

EL FLAMBOYÁN

Quiero decirte a la sombra
de este enorme flamboyán
que mi amor no tiene nombre
y te adora con afán.

Amor que siempre te he dado y sabido
valorar, cariño que no
no he mendingado
ni nunca voy a olvidar.

Ahora quiero que
comprendas todo lo que
he sabido apreciar
que mi amor ha sido sincero
y te quiere hasta el final

TU PALABRA

Buscaré una palabra que me hable de ti,
algo que me diga que vives en mí.
Buscaré tu voz en la sombra, en la noche
hallaré tu palabra hablando de mí.

Y la tomaré en mis manos
para que nos se vaya
le hablaré de ti y le hablaré de mí
y para siempre tu palabra
hablará de ti y hablará de mí.

DESCÚBREME

Descúbreme amor,
Descúbreme,
sólo como tú lo haces
con tus manos ardientes
llenas de amor y pasión.

Descúbreme amor
con todo el amor
que sientes por mí.
Llévame a donde tu estas,
recorre mi cuerpo
con tus manos ardientes
de pasión.
Pero por favor
descúbreme amor,
descúbreme.

DECIR VERDAD

Si alguna vez has pensado
que me has amado de verdad
pregúntale al corazón
y lo encontraras.

Ya vez
no era lo que esperaba
no era un amor de verdad
yo me lo imaginaba.

Sabía que lo encontraría
todo me lo decía
nada era verdad.

Era mucha felicidad
detrás de tanto amor
como quieres que te crea.

Si no sabes amar
y mucho menos
decir verdad.

CORRÍ

Corrí, corrí
un día
atravesando avenidas
y no pude hallar
la verdadera salida

Caminé, caminé
un día
desafiando caminos
y no he podido hallar
mi verdadero destino.

Cabalgué, cabalgué
como un buen jinete
y sólo pude encontrar
el dolor de la gente.

Navegué, navegué
un día
desafinado los mares
y sólo pude encontrar
Miles de pesares.

EL ADIÓS DE LEJOS

Te digo adiós de lejos
como la brisa acaricia
mi rostro,
como el viento
acarician las aves
como yo
te acaricié a ti.

Un adiós más allá
del silencio
más allá del viento
ese es mi adiós.

Adiós de silencio
adiós como el viento
ese es mi adiós

LA MENSAJERA

Mensajera de la vida
logra que siempre viva
este amor que siempre llevo
con ternura y pasión.
No dejes que el dolor
que se encuentra en todas partes,
me arrebate esta parte,
de mi vida la mejor.

Deja que sea el amor
el que triunfe para siempre
que ni siquiera la muerte
me arrebate esa suerte.
Quiero vivir intensamente,
como si la vida fuera
más eterna que la muerte.

JUANA RIPPES

Nació el 27 de Diciembre de 1926 en la Habana. Su carácter dulce y alegre da un brillo especial a su mirada.

Estudio Publicidad en la Universidad Masónica "José Martí" y se licenció en Filosofía y Letras en la Universidad de la Habana, donde también aprendió Biblioteconomía, en su trayectoria profesional fue redactora de textos publicitarios en la Organización Técnica Publicitaria Latinoamericana «OTPLA», trabajo en la Biblioteca Nacional de la Habana. Al emigrar a los Estados Unidos revalidó su título y se dedicó a la enseñanza hasta su jubilación.

Es Optimista y una narradora excepcional lo demuestra en su obra cumbre "Tabaco en Flor" una versión tipo novela sobre una historia real transcurrida en Cuba, donde devela con todo cariño, idealizándola por el mismo amor de su propia visión de la vida y de las cosas. También en sus poesías trasmite en forma sencilla, natural, llana y espontánea, ese mismo impulso de la narración que atrapa haciendo que el sortilegio surta efecto en la mente del lector.

rippesj@bellsouth.net

A toda mi familia.
Al recuerdo de la Cuba que fue
y la que añoro regrese.

Derechos reservados

EL DÍA QUE MI NIETO APRENDIÓ A PESCAR

¿Cómo pudo una simple buena nueva desencadenar tan poderoso torrente de alegría? Pues sí. Sucedió cuando supe que mi nieto había aprendido a pescar.

De momento, la noticia avivó el recuerdo del viejo aforismo chino: "Enseña a pescar, no regales el pescado".

El Nazareno pidió a sus discípulos pescadores:

"Venid en pos de mí y os haré pescadores de hombres". Les elevó la misión: no sacar lo mejor del mar, también salvar el alma de los hombres.

Cada nieto es único. Su nombre, Emmanuel, significa "el Señor está con nosotros". Lo miro, me intriga y sonrío.

Los cubanos tuvimos un inmenso historiador: don Fernando Ortiz. Cierta vez le preguntaron: Don Fernando, ¿de dónde vino todo lo que es hoy un cubano? "

A lo que respondió el ilustre:

"Todo lo que tenemos en Cuba nos llegó en la Flota. Nos colonizaron desde las cuatro puntas de la península: por barco llegaron nuestros amados isleños, ascendientes maternos de Martí y entraron ingleses, franceses, italianos, alemanes y del cercano y lejano oriente, también".

A mi pescador le tocaron unas cuantas gotas de sangre oriental que delatan sus ojos, que bendigo. Se parece más a la bisabuela que llegó de China, que al resto de sus ascendientes gallegos, asturianos, catalanes, isleños y hasta alemanes.

Cuando supe que había aprendido a pescar, mi pecho se hinchó de una esperanza universal: tiene que haber un futuro mejor para nuestra América.

Los pueblos crecen y prosperan a base de superarse en todas sus habilidades, pescar, sembrar, repoblar bosques, envasar productos, vencer la miseria y elevar el espíritu.

Leí y respeto "El hombre que siembra es dueño de muchas ilusiones". Y el que pesca, también. Los que cultivan, sueñan Le restan tiempo al resquemor. Quien sabe producir y alimenta bien a su hijo, no resiente.
Quisiera haber podido compartir una sola milésima de lo que alentó mi alma cuando supe que Emmanuelito había aprendido a pescar.

CON LOS POETAS, ¡NO SE JUEGA!

Crecí admirándolos. Son superiores. Expresan amor humano o divino, nostalgia, resquemor o pasión en rimas que deleitan el oído. Me gustan desde los clásicos españoles hasta los grandes de América; y cubanos, desde el Cucalambé hasta Agustín Acosta.
Cuando Salvador López en "Así es mi suelo cubano" dice: "Bongosero que a medianoche nos llama", el poeta declara que le amaneció rumbeando. En la última publicación de un bardo se entera uno de su más reciente aventura.
Un poeta herido ripostando en versos es terrible: un insulto rimado hiere el doble. Hilarión Cabrisas reprocha a su amada en "La Lágrima Infinita" diciéndole: "y tú no tienes alma para verla". En prosa sería: "eres una vulgar insensible". ! Ellos son así"!
José Ángel Buesa recrimina a una mortal casquivana en suaves términos:"yo vivía un ensueño y usted, una aventura". Cualquier otro le hubiera dicho: "!tremenda bandida resultaste!
La fémina que desdeñó al poeta cubano 'EL indio Naborí" no sospechó nunca que inspiraría tan candentes octosílabos: "y te verás en tinieblas… has vendido una ilusión… y te sentirás desnuda".
Del cantor cubano Francisco Riverón memorizo: "cuando se dieron un beso, tu embrujo y mi poesía". Respetable. Inspiradísimo.
Trabajé con Riverón en la Publicitaria donde él escribía décimas para el ron Bacardí. Aquella tarde esperaba llamada de su musa de turno. Una atrevida compañerita contestó diciendo: - Señorita, Riverón ya se marchó- Y colgó precisamente cuando él entraba a contestarle.
Contuve el aliento presintiendo una tormenta. Pero no. Predominó en él la elegancia de aplomado quedo. Se volvió hacia mí y pronunció calmado: -De antología chica, de antología.
! Inolvidable!
Hay que respetarlos. Con los poetas…!no se juega!

ADIÓS, MI LINDA TITA COCÓ

Resultaba asombroso contemplar, rompiendo la rutina de mi amanecer, aquellas plumas de color canela a través de las persianas. Imposible. Lo normal en mi barriada es el cruce libre entre los árboles ardillas, azulejos, sinsontes y carpinteros. Muy pocos gatos y perros. Los mapaches y las ratas asoman sólo de noche. Pero allí estaba. La llamé Tita Cocó y la amé al verla... Comía pan de mi mano. Su primer refugio fue de altura: una L entre las vigas metálicas de mi patio.
Era única. Dominaba la esquina y se ganó la estima general. La retraté en primavera. Con su porte de orgullosa regente europea, bien adornaría un gran palacio. ! Qué manera de ser bella!
Aparecieron sus dueños: una cubana y un colombiano, Buenos vecinos míos. Decidieron dejármela respetando su decisión de mascota 2001. Le aconsejaba: no exhibas tu pechuga ni tus muslos. Te anhelan en fricasé. Me recomendaron un gallo. No quise. Se empeñó en ser madre. Pero soltera del todo. Situó sus doce posturas a salvo de peligros. Un alborotado cacareo a medianoche me perturbó. Salí. No advertí enemigos pero, al amanecer, tenía un vacío de plumones en su lomo. Empolló perseverante por semanas hasta desilusionarse. Ningún polluelo asomó su pico.
Me ausenté cuatro días y se apegó al vecino encargado de su manutención. ! Así de frívola también era!
Un día se salió del plato. Cruzó la calle y escarbó en el jardín de la iglesia y de los vecinos. Sacó de cuajo geranios, pensamientos y pentas. Regó tierra a "troche y moche". Me llovieron las quejas. Cesaron los piropos. La tildaron de causar daños y perjuicios. Entre broma y vera. Pero venían de veras.
En una cubanizada vía de Hialeah, cerca de mi casa y contigua a un aeropuerto hay cuatro mini fincas con muchas aves, chivos y hasta caballos. Estudié el terreno Pedí permiso al dueño y con el alma partida, se la dejé una mañana. Allí la recibió altanero y magnífico un gallo de plumaje oscuro. Le dedicó un airoso paseo, un vigoroso aleteo y un canto altisonante de campeador invicto. Me gustó eso. La visito. Le llevo pan y luce contenta.
Pero se lo he dicho; Mis amaneceres sin ti no son los mismos. ! Te extraño tanto mi linda Tita Cocó!

CHISPAS QUE SIGUEN INSPIRANDO

El gemido primero de cada retoño en la vida de una mujer proporciona de sólo recordarlo,   felicidad de por vida. Buena ventaja sobre el sexo fuerte. Publicar un libro, a cualquier edad es una experiencia, en alguna medida comparable a la alegría de abrazar a
esos retoños.
Cuando quien escribe, pinta o compone canciones se encuentra lejos de su tierra, la distancia se encarga de añadir a ese recuerdo del suelo que dejó matices increíbles a cada imagen guardada en la memoria.
 Es tan osado como alegre tratar de integrar la pléyade de creadores cuya chispa de inspiración parte, precisamente de la madre tierra. Loable y más es tratar de seguir las huellas   de un Cirilo Villaverde, cubano que escribió su "Cecilia Valdés" desde el exilio; de un José Martí y de tantos gigantes de todos los tiempos. Nada nuevo.
 La distancia motiva la creación lo mismo de una novela denuncia que costumbrista; una décima inflamada   o un soneto nostálgico… en todo salta la chispa de inspiración   universal: el amor a las raíces. Y ese mismo amor a las raíces reúne en haces de luces magníficas todo lo que motive ahora a ese pueblo fuera de su cuna: la misma historia y respeto por sus próceres, los mismos montes y playas, jardines y pueblos ,   recuerdos de abuelos, amigos   y verbenas atados por los lazos de patria que son indisolubles. No importa cuál fue el pueblo dejado atrás. Quien escribe algo de lo vivido, lo revive; el que plasma en una tela las playas de su niñez, siente las arenas en sus pies; el que se reúne con grupos fraternales, regresa a sus raíces.
Cuando, a principios del año 2000 recibí de la Asociación Literaria Calíope mi primer libro editado, sentí y compartí con los míos, la alegría de quien realiza un sueño. A los casi cuarenta años de dejar Cuba, dediqué a mis padres y a La Habana mi "Tabaco en Flor", que había disfrutado elaborándolo.
Creo que mientras alienten los que comuniquen esta clase de homenaje, mientras la cuna sea la inspiración, la esperanza de recobrar lo amado flamea viva y sigue alumbrándonos. ¡Ojala!

HABÍA UNA VEZ UNA ISLA

Por cierto hermosa y de ardiente sol, con gente bien despabilada que parecía saber lo que querían y con una sola voz, dos y con mil quinientas voces hablaban y opinaban de todo lo que allí acontecía.
Algunas veces encerraban alguno por delatar verdades como casas. Pero denunciaban las trampas, las inmoralidades y los robos.
Allí prosperaban y surgieron brillantes científicos, literatos y artistas y crearon tan bella música que hasta hoy sigue amenizando fiestas
En la isla pasaba con los hombres lo que según el poeta, pasa con los pájaros en México: ninguno quería irse. Llegaban de todo el mundo, aportaban su cultura, su esfuerzo, y la amaban.
La isla era abierta, rica y alerta. Avanzaba, a pesar de las tánganas y los tropezones.
Allí les dio por gritar con una sola voz y mil quinientas también, todos los desastres y callarse todo lo bello y positivo alcanzado.
Un día, un fatídico ciudadano tronchó el voto libre del pueblo, para darle pie a un ciudadano más nefasto todavía, que insistió en recalcar las desgracias de allá. Dijo unas cuantas "verdades "que el pueblo, inmaduro políticamente, se creyó. Cuando vinimos a ver, estábamos exclamando con una sola voz, y mil también:"esta es tu casa". El más nefasto se apoderó de las casas, las fincas, los montes, las playas, el azúcar, el tabaco, y el café. Y lo peor de todo: de las mentes. Y obligó a todos a repetir: "Ordene".
A los que no quisieron repetirlo, los fusiló, los encarceló o escaparon por donde pudieron.
La isla hermosa quedó de vitrina de lo que es un régimen comunista de opresión y muerte. Y además, se volvió cerrada, pobre y aborregada.
Pero a muchos nos duele. Aún podemos, con una sola voz y con millones de voces pedir cambio, justicia y libertad para la isla, que sigue siendo hermosa y que, a pesar de los pesares, seguimos añorando.

"DOCTO, DEME UNA NOCHE"

"Al que un aura de placer no alienase, le debe de bastar lo que ha vivido". Anónima. Muy valiosa.
El mosaico étnico cubano era para disfrutarlo. Nuestros negros y mulatos tenían una chispa deslumbrante.
A mi marido lo hizo reír José, quien le limpiaba el auto cuando le dijo, muy serio; -Rippes, tienes que cambiar el carro, Este está ya un poco "cobardito"
Carmen era una mulata elegantona. Cocinaba exquisiteces en casa de mis tíos... El garaje de la casa era su dormitorio... Ese día, con una toalla en la cabeza a manera de turbante lucía lindísima... Al oír el silbidito de "El Negro", el padre de su hija, ya ella sabía lo quería. Salió muy decidida a la ancha puerta y con toda la franqueza y seguridad de mulata, mimada y admirada y sin que le quedara nada por dentro, le aclaró: -Hoy, no estoy pa'negro!
El amigo Rey nos contaba este incidente ocurrido cuando vivía en un edificio de la Habana vieja. Una noche entre semana se les hacía difícil conciliar el sueño oyendo cada dos minutos: "Strai" "Bola" "Te ponchaste" "Fuera"!
Nuestro amigo pensó bien lo que iba a hacer. Eran los niños del barrio. Las futuras estrellas del   deporte. Pero no lo dejaban descansar. Llenó de agua una buena olla. Se asomó al balcón y !Zas! A los gritones les cayó un aguacero sin nubes. El que hacía de capitán se viró y ordenó - !Suspendido el juego por lluvia!
Otro incidente, también en la Habana vieja , aconteció entre los expertos estacionadores de autos en las estrechísimas calles de ésa área colonial habanera.. Roge era un "lince" entre ellos. A todos sus clientes les llamaba "Docto".   ¿Docto? ¿Le friego hoy el Masseratti?"
Ese día, temprano, llego el "Docto" algo triste.
-Docto, en qué lo ayudo?
-No me digas nada, Roge, No pude oír las noticias. Me robaron la antena.
Roge lo pensó unos segunditos. Meditativo, pero, seguro de su plan le aseveró confiado:
-Docto, deme una noche. Deme una noche, Docto.

¿SERÁ MASOQUISTA?

Se trata de algo cierto y verdadero sucedido no tanto atrás en el barrio del este de Hialeah. Corrían los años sesenta. Montones de cubanos arribaban día a día, los americanos vendían sus casa y se relocalizaban a la misma velocidad con que llegaban los cubanos. Pero eso no sucedió con Mrs. Parker... Los hijos habían dejado la casa porque ambos contrajeron matrimonio en el 62. Mrs. Parker empezó a tenerles bastante respeto y consideración a los cubanos de los alrededores. De los tres vecinos allegados, en una sola casa, los hombres tenían tres trabajos: Un full time, cada uno, un Part time y un parqueo de autos o fregadera de platos en Miami Beach, los domingos.

Los respetaba, compartía con ellos. Se acostumbro al cafecito cubano de por el medio día de una tal Lula, buenísima persona, que además de buena madre y esposa, hacia muy buen picadillo y en la temporada de pesca de langosta, los cubanos de la cuadra que eran buenísimos pescadores y los mismo se empataban con pargos, que cangrejos, que langostas. Lula la obsequiaba con cada platico de harina con cangrejos que era un verdadero deleite.

Eso sí, a Mrs. Parker no había cosa que le gustara más que dictarle a los nuevos vecinos, las leyes, regulaciones, disposiciones y medidas que era preciso obedecer para que el barrio mantuviera el mismo orden y compostura de siempre. Salía con su carro por las calles de los alrededores y no se le iba un carro mal parqueado, un latón de basura dejado afuera, ya vacio, más tiempo de la cuenta, una casa con un color de pintura que desentonaba con el resto de las tonalidades del barrio, etc.. Pues allá iba ella y daba la perorata y tanto insistía que la gente le hacía caso y terminaban por obedecerla.

Mrs. Parker Hizo buenas migas con los Vega, que además de cafecitos y ricos platicos cubanos, cada vez que a Mrs. Parker se le perdía la gata, no importaba la hora que fuera, ella clamaba por Mr. Vega y, a las tantas de la madrugada este buen vecino y Mrs. Parker se lanzaban a pie por todo el barrio y a fuerza de KIRI-KIRI tanto caminaban, hasta que por fin aparecía la dichosa gata...

El barrio se agrandaba. Y el número de vecinos nuevos crecía. Y ella detrás de todo el que no cumpliera las leyes, el trajín del parqueó, que sembraron mal, que si pintaron mal. En fin, la lucha era full time.
Para mayor contrariedad, se mudaron unos amantes de la música y bailadera hasta bien tarde. Y allá iba Mrs. Parker y les llamaba la policía a las once y un minuto de la noche.

Un día, por esos avatares y cambios de familia, uno de los hijos que vivían en Remanganagua Town la manda a buscar por necesitarla de babysitter porque la esposa esperaba un vástago en pocos meses.

Allá se fue Mrs. Parker a Remanganagua Town a cumplir con su deber de madre y de abuela. Los Vega, lo mismo que los López y los Hernández, la extrañaban. Si, la extrañaban, pero reconocían que no los dejaba vivir con su papel de vigilante perpetúa mañana, tarde y noche. OK... No llego a los cinco meses. La casa no se había vendido. Con el asombro y la sorpresa que el caso despertaba, los vecinos vieron llegar, en un medio día caluroso, como en un sueño, «Más bien una pesadilla» un camión de muebles y detrás el carrito de Mrs. Parker.

Los vecinos, asombrados desconcertados, sin saber si reían o lloraban, la fueron a saludar.
Mr. Vega, su ayudante principal a la hora de buscar la gata a media noche « etc., etc. » Le pregunto asombrado... Y que le paso Mrs. Parker? – Bueno mi nuera dejo de trabajar... No me necesitaban de babysitter. Aquello es muy tranquilito y muy disciplinado todo el mundo... Pero, a la verdad, yo extrañaba mucho este barrio... A mis vecinos... En fin, comentaban entre todos ellos... Será Masoquista?...

NATURA

Pena dio verlo caer
al canal de oscuras aguas
cobija fue de mil nidos
trinar feliz de mil aves.

Recio viento aciclonado
bien duro que le pego
cuatro hombres no pudieron
salvarlo del fin que tuvo
como plomo se les fue
nada lograron por él.
con la misma intensidad
de la pena por el árbol.
Sentí sin par alegría
al mirar el nacer
notando a la verde hoja
de la violeta, sus hijos.

Ella regalando vida
embelleciendo radiante
con primor de nueva vida
un rincón de mi cocina.

¡Bendita naturaleza!
Lloré al árbol caído
¡Tengo violetas que ríen!

HECHICERA

Volví a visitar la Isla
y me volvió a cautivar
ella me late en las sienes
Cuba no es para olvidar.

Hacemos que nuestros hijos
y nietos aquí nacidos
quieran llamarse cubanos
lejos, no importa que estén.

¿Por qué España no la olvida
después de tan largo siglo?
Ella les late en las sienes
Cuba no es para olvidar.

Remedo al poeta prócer
pregunto al verso intrigada:
verso, ¿o Cuba es una hechicera
o España tiene razón?

¡AZÚCAR!

Llevabas la Habana Vieja
en el tuétano incrustada
oírte hablar parecía
subir la Loma del Ángel
o caminar por Muralla
empedrado u obra pía.
Gracia de sobra tenías
lo mismo para curar
que para contar historias
nunca en la vida oí a nadie
aseverar con tal gracia
que el éxito en las finanzas
era cuestión de timón.
Sólo tu mente chispeante
pudiera haberse forjado
el deseo tan cubano
de que tus cenizas fueran
regadas fertilizando
un verde campo de caña
ay! Alicita querida
cuando nuestra diva grite
con su salsa inigualable
azúcar! Ahí estás tú!
cuando endulce mi café
cortadito o cualquier postre
Alicita, ahí estás tú!
donde quiera que te encuentres
irradiando luz estás
Alicita, tú y tu azúcar.
Tú y tu azúcar, Alicita!

CONFESIÓN

Confieso que estoy en deuda
con la tierra en que nací.
Te envidio Martha Beatriz,
Dr. Biscet, mi respeto.

Cuando el retoño pregunté
a la valiente bloguera:
¿y tú qué hiciste mamá?
Testimonio honroso oirá.

La cuna aún gime esclava
la lucha no tiene fin.
¡Qué! pena tengo, Yoany,
no haber, como tú, luchado.

De los bravos necesita
la oprimida Cuba de hoy.
Te envidio Martha Beatriz,
Dr. Biscet, mi respeto.

LUIS RENÉ SERRANO GALÁN

Nace en la Provincia de Camagüey, Cuba. Su familia estaba compuesta por su padre, el Dr. Serrano, su madre, la Sra. Galán, su hermana menor y él. Vivieron en Cuba parte del proceso revolucionario castrista; marchándose posteriormente, como muchas familias, hacía los Estados Unidos de Norte América. Allí reanuda su vida y las actividades de estudio y labor. Descubre sus capacidades y talentos, los cuales logra desarrollar profesionalmente. Su carisma lo lleva al campo de "Las Bellas Artes" graduándose en la especialidad del "Bell Canto". Estudió además, composición y dirección, varios instrumentos que le facilitaron su afiliación con diferentes grupos musicales. También ha compuesto bellas canciones. Tiene su propia discografía y un amplio repertorio en varios idiomas. También se desarrolló en el campo de las "Humanidades" como escritor de cuentos, poemas, poesías, sumándosele el don de la declamación. Aunque hoy cuenta con su propia orquesta; en sus inicios como músico formó parte de los conocidos grupos musicales "The Miami Latin Boys"1973, convertido más tarde en el famosísimo "Miami Sound Machine" en el cual jugó un papel importante como bajista y cantante, actuando en diferentes escenarios junto a Gloria y Emilio Estefan, a demás de otros artistas internacionales. Nuestro Tenor por excelencia posee una garganta privilegiada donde la naturaleza se desborda otorgándole sus atributos, convirtiéndolo en el embajador de la canción romántica; tanto para el mundo latino, como para los amantes del Swing, «género derivado del Jazz». Como escritor, es su pluma elocuente y sagaz. Serrano es, la exquisitez para los amantes del mundo de las candilejas, y de las letras.

serranolivemusic@yahoo.com

AGRADECIMIENTOS

Agradezco a la escritora Lesbia Lozano, Representante Regional de Ventas de D'Har Services por ayudarme a realizar este proyecto. Y a la escritora Edilma Ángel, Director Ejecutivo de la Editorial D'Har Services por motivarme, y al "Club de Literatura" por acogerme

REFLEXIÓN

La vida está llena de sorpresas.
Lo más difícil es responder a cada una de ellas
con la mayor justicia y ecuanimidad posibles.

Para esto es menester evadir
la influencia de los manipuladores
y mirar a nuestro alrededor,
pues, a menudo nos incitan
a actuar incorrectamente,
para beneficiarse ellos.

Si nos dejamos llevar
casi siempre
pagamos un alto precio.
¡OJO!

Derechos reservados

¡ESTABA VIVO!

En una hermosa mañana de sábado, el inquieto René Galán patinaba por la acera de su casa de la calle Avellaneda; la más aristocrática en la ciudad de Camagüey. René no era rico de cuna, pero por cosas del destino vivía en una suntuosa mansión con sus padres y su hermanita menor.

Resulta ser que Benito Rodríguez Días, un riquísimo Ingeniero Civil, y a demás Jefe de Obras Públicas de la prov. de Camagüey, había fabricado esta residencia en el año 1910 con los mejores maestros de obras y materiales de construcción disponibles en su época.
Don Benito, como le decían, vivió aquí, hasta su muerte en 1950. Sus herederos que se encontraban todos en la Habana decidieron vender la propiedad en $35,000.00 pesos «cantidad respetable en aquella época».

En aquel entonces el eminente y también rico, Dr. Brito, especializado en ginecología, compra la casona y la habita junto con su familia. Ya en el año 1961, abandona el país después que la revolución le confisca su finca, el yate, su casa en la playa Santa Rita donde pasaba las vacaciones en familia.

La casona, para entonces, queda a cargo del Dr. Don. Radiólogo especializado, que a su vez era cuñado y socio del Dr., Brito. En ella quedaba vacio el puesto del exiliado el Dr. Brito por lo que el Dr. Don le propone al padre de René, el Dr. Galán, que ocupase la plaza vacante y así poder ejercer su profesión en aquella mansión.
Ambos médicos, el Dr. Galán, y el Dr. Don, se habían conocido en la universidad donde fueron muy buenos compañeros cuando cursaban la carrera de medicina. Por lo tanto, Don le hizo esta proposición, a demás de, irse a vivir a la mansión, con toda su familia. Así es como llega el travieso René a su nuevo barrio.

Volvamos a nuestro amigo que seguía patinando a gran velocidad mientras el aire jugueteaba con su lacia y negra cabellera.

-¡Cuidado! Le grito a una pobre anciana que se interpuso en su camino, y que estuvo a punto de ser atropellada por el dinámico y eléctrico René, que refunfuñaba y se decía así mismo:

-Ya no se puede patinar por esta acera, hay demasiados viejos.

En eso ve a Alfredo, su mejor amigo, que vivía en la acera de enfrente asomarse a la puerta de su casa. René contento, al verlo con los patines puestos, le grita:

-¡Oye aseré! vámonos por el Callejón del Cuerno hasta San Fernando, para poder correr un poco.

-¡Bien! respondió Alfredo con mucha energía.

Acto seguido salieron como bólidos hacía San Fernando; la primera calle paralela al sur de Avellaneda, donde el tráfico era muy escaso y les permitía patinar como locos hasta que el calor abrasador del verano los agotaba y vencía. Después se sentaron en la acera a reposar y hacer planes para más tarde.

Serian aproximadamente las 12 del medio día, ambos tenían mucha hambre y tremenda sed, por lo que sugirió René:

-Oye compadre, que te parece si regresamos a nuestras casas para tomar un baño y después de almuerzo, nos vemos par leer muñequitos y así reposamos un poco. -De acuerdo; dijo Alfredo conforme, pero te veré, aclaró después de las 2 p.m. Recuerda que yo siempre escucho. Las Aventuras de Leonardo Moncada y después las de Kazán el Cazador.

-Perfecto, respondió René mientras se despedían.

A la 2:05 sonó el timbre de la puerta, y como habían acordado, allí estaba Alfredo, su gran amigo con un paquete de más de 15 muñequitos en sus manos.

Alfredo afectuoso le dice:

-Mira, estos ya los leí, te los presto, y tú me das de los tuyos que yo no haya leído.

-Perfecto, respondió René.

Ambos se sentaron en sendos sillones metálicos que se encontraban en el amplio portal colindante a un bellísimo patio interior y allí echados, arrullados por la suave y fresca brisa camagüeyana, que en las tardes solía ser deliciosa, se dispusieron a disfrutar de la lectura de los "comics"

A eso de las cuatro de la tarde, la madre de René les trajo una merienda consistente en "galletas de la paloma" con queso y conserva de guayaba, también les dio de beber el refresco favorito de ambos muchachos, el "son de cola".
Hicieron una pausa para disfrutar de la rica merienda, mientras el majadero René gritaba:
-¡Oye Caballo! Te lavas las manos cuando termines, que el otro día me embarraste un muñequito de Superman con el dulce de guayaba.
-No fui yo, respondió Alfredo enérgicamente, fue mi primo Siso.
-Fuiste tú que yo te vi, continuaba refutando René.
-.Bueno, bueno, se acabó la discusión, dijo con dulzura la joven madre, mientras les advertía:
-Si quieren ir más tarde al Casino tienen que terminar sus juegos a las 5:p.m. y vestirse bien bonitos porque a las 5:30 la máquina de alquiler viene a recogernos.

Los muchachitos, que con 13 años de edad presumían bastante, se vistieron elegantemente y se sentaron en los asientos del zaguán de la casa, acompañados por la señora Moreno y Giselita, la hermana menor de René, mientras esperaban la máquina que los llevaría al lugar de recreo. Minutos después partían los cuatros hacía el Casino Campestre. Este parque así llamado, era el lugar de mayor entretenimiento en las afueras de la ciudad.

En esa área campestre se encontraban: El Zoológico, un parque de diversiones, con todo tipo de aparatos, además de un centro donde alquilaban bicicletas y hermosos caminos para transitar montados en ellas, un verdadero paraíso para los niños.

Al llegar los chicos corrieron hacía el parque de diversiones y obligaron a Giselita a montarse en la estrella. Ella le temía a las alturas y René y Alfredo se divertían de lo lindo al ver a la pobre niña como gritaba. Mientras, la madre peleaba, ordenando que la bajasen de inmediato.

Serian la 6:30 de la tarde cuando René y Alfredo, cansados de montar en todos los aparatos, deciden caminar y adentrarse en el parque para tratar de encontrar algo de comer y de paso conocer algunas muchachas. Después de andar un trecho se detuvieron ante un kiosco donde no había ni agua para beber. Posterior a los fallidos intentos, decidieron dirigirse al antiguo Club Atlético para distraerse un poco.

Transcurrida más de media hora de continuo caminar se percatan de que estaban cerca del "Estadio Cándido González" y que éste tenía las luces encendidas. Al ver esto, Alfredo exclamó:
-Compadre, se me había olvidado que hoy juegan los Industriales contra los Granjeros y el juego comienza a las 8:00 p.m.
-¿Qué hora es? Preguntó Alfredo.
René miró con orgullo su nuevo reloj marca "Poljot" que le habían regalado sus padres por el día de su cumpleaños y respondió:
-Las menos veinte, no creo que nos quede tiempo, comentó René.
Entonces, nuevamente preocupado preguntó Alfredo:
-¿Traes dinero?
-Sí, si tengo $20.00 pesos, dijo René, pero yo no voy pa'l estadio sin avisarle a la vieja, afirmó enfáticamente.

Alfredo se quedó pensativo por un instante, entonces añadió:
-Si regresamos por donde vinimos, para encontrarnos con tu madre y viramos, nos perderemos la mitad del juego.
-¿Qué hacemos entonces? Preguntó René.
-Podemos cortar camino cruzando por el rio; responde Alfredo, y comenta:
-Hay un diquecito bastante ancho, yo conozco el camino, sígueme.
René siguió a Alfredo que atravesaba la maleza con gran seguridad; y efectivamente, pasados unos minutos se encontraron frente a frente con el Rio San Juan.
-¿Qué te dije? Exclamó Alfredo
-Allí está el dique ¡mira!

René miró hacia delante y vio una franja de concreto como de un pie y medio de ancho; era la parte superior de la estructura del dique. Del lado derecho había un barranco con afiladas y puntiagudas piedras que podían observarse de entre las aguas que caían conformando una pequeña cascada; que no eran más que reducidos caños que aliviaban la presión de la corriente del rio. Pero del otro lado, en el izquierdo, estaba el Rio San Juan como nunca se había visto, crecido y revuelto por la cantidad de lluvia caída en días anteriores.

Era entrada la noche y aunque había Luna llena, la idea de cruzar un dique sin barandas y en la oscuridad, no le agradaba mucho a nuestro héroe que ni siquiera sabía nadar. Sin embargo, el deseo de ver aquel juego de pelota hizo que su amor propio se creciera y el deseo de no defraudar a su amigo le hizo lanzarse a esta impredecible aventura.

Siguiendo a Alfredo que ya estaba llegando a la otra orilla, René comenzó a caminar sobre el frio hormigón sin acordarse que sus zapatos eran nuevos y por ende resbalosos, además, había muchas irregularidades sobre el dique y en algunas partes estaba muy húmedo.

René continuaba avanzando hasta que pisó un pequeño charquito que aparentemente se había formado en una hendidura de la superficie del dique. La liza suela de cuero de su zapato patinó y en fracciones de segundos se vio en el aire cayendo estrepitosamente al agua.

Afortunadamente no cayó hacia donde estaban las piedras, pues, se hubiera matado. Aquí todo se complica: recordemos que René no sabía nadar. Al caer sintió como su cuerpo se sumergía en las sucias y oscuras aguas del San Juan. Como era tan religioso se encomendó a "DIOS" diciéndole:
-Señor me voy contigo; perdona mis pecados y recíbeme en tu reino. Mientras, una película de su vida pasaba por su mente a una velocidad inconcebible.

De pronto, sintió frio en su cabeza. René había movido sus pies y sus manos instintivamente ascendiendo si saber cómo, hasta llegar a la superficie. Al abrir los ojos y mirar hacia arriba quedó sorprendido al ver a su fiel amigo que desesperado le extendía los brazos para sacarlo de aquellas aguas.

Alfredo nervioso le comentaba:
-Me iba a tirar pero no veía nada, te hundiste completo.

En medio del temblor y la alegría de haberse salvado, René se abrazo a su amigo lleno de emoción y agradecimiento. Uno apoyándose en el otro logró cruzar hasta llegar a tierra firme. Corrieron entonces para encontrarse con la madre de René que ya estaba preocupada al no ver a los muchachos en el Casino.
Al verlos llegar, ella molesta les pregunta:
-¿Dónde estaban ustedes metidos?

Al observar a René que estaba empapado en agua y sucio, exclamó en un tono todavía más alto: ¿y a ti que te ha pasado muchacho?
-Nada vieja que me caí en la fuente central del parque.
Afortunadamente la madre se creyó el paquete, pero contrariada ordenó con tono imperativo.

¡Vamos a casa, que ya es muy tarde!

Al otro día por la mañana, la almohada de René estaba húmeda del agua que había salido de sus oídos.
El reloj "Poljot" que había costado $60.00 pesos, no servía. La ropa nueva y los zapatos se habían echado a perder, pero René estaba henchido de felicidad porque sabía que estaba vivo.

"ESTABA VIVO"

FIN

POEMA
AL PINTOR CUBANO
ROBERTO DIAGO

Él era de piel oscura
ella blanca como el yeso,
él la quiso con locura,
ella, ni siguiera eso.

Él venía de la entraña
de una tierra muy risueña,
ella de la más huraña
y real estirpe madrileña.

Así se enfermo de amor
aquel corazón mulato
y no resistió el dolor
cuando el de ella le fue ingrato.

Y se olvidó de si mismo
de su arte y de su suerte
y se lanzó hacía un abismo,
donde lo esperó la muerte.

Pero en su final morada
sigue aferrado a su anhelo...
Allí espera por su amada
para pintarla en el cielo.

RECUERDOS DE SAN FERNANDO

Oye compatriota, hermano,
oye cubano, oye amigo;
tengo un recuerdo lejano
para compartir contigo.

Un pedazo tan querido,
del Camagüey legendario
por donde paseo dormido,
por donde voy casi a diario.

Cierro mis ojos tranquilo,
y así la voy recordando;
mi mente va por un hilo,
a la calle San Fernando

Por ella corrí contento
en bicicleta y patines
mientras me arrullaba el viento
como cantar de violines.

Allí me asomé a la vida
contemplando al carpintero,
buscarse vi, la comida
al rufián y al zapatero

Jugué también al bolero
con canicas y pelotas,
mientras pasaba un dulcero
o un alegre limpiabotas

Al fin, tuve que irme lejos
de mi terruño querido
mis recuerdos se hacen viejos
y regresar no he podido.

Pero imaginariamente
por las noches voy volando,
caminando sonriente
"por mi calle San Fernando"

A
MERCEDES «NAVARRO» MURCIANO
EN MEMORIA

Lapso sutil que su existir reclama
sueño fugaz que apenas se despierta
viaje que nunca su destino acierta.
Eso es la vida, la experiencia humana.

Tu vida fue cascada transparente
fluyendo libre por profundas grietas.
Los que bebimos de tus aguas quietas
llevamos siempre tu luz en la frente.

¡Oh dulce alma que a todos tocaste!
Con el encanto celestial de un Deva
Tu dulce esencia sin igual se eleva
a la morada que una vez dejaste.

Allí te esperan
las sagradas huestes,
del cielo eterno
que tu siempre amaste.

POEMA
A LA CANTANTE Y ACTRIZ CUBANA
MARLEM GARCÍA

Cuarenta años cumple hoy mi reina
está contenta y a la vez no,
y sus cabellos dorados peina
y sus cabellos ya se peinó.

Se mira inquieta en cualquier espejo
buscando señas de madures
y la silueta de su reflejo
le trae recuerdos de la niñez.

Yo entusiasmado feliz la miro
sintiendo gracia por su inquietud
pues ve su vida tomar un giro,
pues ve alejarse su juventud.

Después le digo, que no esté inquieta
por el contrario que este contenta.
si como dijo un sabio poeta,
la vida empieza a los cuarenta.

ONELIA SUAREZ

Nací en la provincia de Camagüey, Cuba. Cuando niña, fui muy inquieta, y curiosa. El juego y la lectura formaban parte de mi vida cotidiana. Mis primeros años de estudio los cursé en la escuela "Félix Varela «1967-73» Y la Secundaria en la Institución Gertrudis Gómez de Abellaneda, donde me gradué, era asidua lectora de su nutrida biblioteca. Quise estudiar y trabajar; decisión que me llevó a la Provincia de Holguín, costa norte de la Provincia de Oriente donde había nacido mi padre. Allí me gradué de Obrera calificada para el Control de la Calidad de Maquinarias Pesadas. En el año 1982 comienza mi vida laboral y mi renacer como escritora. Mi primer poema fue: ¿Tienes Duda con la Vida? y otros que le siguieron. Después de 12 años de trabajo ininterrumpido, vuelvo a los estudios, graduándome, en el campo de las comunicaciones, de "Operadora Nacional e Internacional", hasta que decidí dejar mi patria en el año1995. Arribé y me enfrenté a este país como todos, pero en el 1997 posterior a meses de estudio me gradué de "Cosmetóloga" en la escuela "Park Collage en Albuquerque, Nuevo México. Allí escribí la mayoría de mis poemas. En Enero de 1998 me traslado para el Estado de la Florida encontrando mi habitat como poeta y escritora en el "Club de Literatura" donde he conocido a personas con las mismas inquietudes.

onygeorge@yahoo.com

A ese "DIOS" omnipotente que me ha dado la fuerza, la voluntad y el poder para seguir adelante en esta tierra, con nuevas raíces para aferrarme una vez más a la vida.

Agradezco a mi familia, y en especial a mi hermana; por ella disfruto mi estancia en este país.
Reconozco que todos tenemos derecho al mismo sol y que solamente existe un horizonte, el de la libertad.

© 2010, Onelia Suarez
Derechos reservados

DEJAR LA TIERRA

Cuando se deja la tierra
empiezas a recordar,
tu corazón se divide
sin poderlo remediar.

Cuando se deja la tierra
no paras de añorar,
a la familia, a los amigos
al barrio donde crecimos
nuestros antiguos vecinos.

Cuando se deja la tierra
no dejas de soñar
recuerdas a tu gente feliz
a donde quisieras regresar.

Cuando se deja la tierra
en busca de libertad
te liberas del tirano
pero del dolor del alma
no te liberas jamás.

CUBANA

Soy cubana, naci entre palmeras,
entre rones y tambores
es por eso que estoy llena
de alegrías y sabores.

Tengo el alma de rumbera
de sonera y guarachera;
de esa tierra caribeña
como la tiene cualquiera.

Soy cubana, bien cubana
eso nadie lo puede negar
quien me mire y no lo vea
le juro, que ciego ha de estar.

EXILIADA

Exiliada, cubana soy
en el alma llevo un gran dolor
porque Cuba aun no es libre
vive bajo la represión.

Exiliada, cubana soy
en mi alma llevo un pesar
porque mi gente no deja
de sufrir y de llorar.

Exiliada, cubana soy
y no dejo de añorar
ver a mi Cuba liberada
sonriendo frente al mar.

DEUDA

Tienes deuda con la vida,
si no has amado todavía.
El amor es lo más sagrado y puro,
que se nos brinda todos los días.

Si ese sentimiento,
no te ha brotado del alma
sólo eres del amor un objeto
desolado de dulzura y de calma.

Si conocieras el amor
todo seria alegría;
es lógico, es objetivo,
admite cometer errores
que rectificas algún día.

Es por eso que confieso
que el amor es lo mejor,
y si lo tienes, tenlo dentro
es la magia que cura,
del corazón su dolor.

¿QUE PASA CON LA HUMANIDAD?

¿Qué pasa con está humanidad,
con el amor, el perdón, la humildad,
la comprensión, la bondad,
y el agradecer a los demás?

¿Qué pasa con la familia, con los amigos,
con la verdad, la honestidad y el respetarnos por igual.
¿Qué pasa con los matrimonios destruidos,
con los hijos separados,
y los ancianos llenando los asilos?.

¿Sus familiares dónde están ?

¿Qué pasa con la humanidad?

Los presidentes mintiéndole a su gente
negándoles expresarse con libertad,
sin poder decir lo que se siente
amordazando a los continentes sin piedad .

¿Qué pasa con el desamor , la maldad,
el rencor, el deshonor, la ambición,
la hipocresía, la doble vida, la falsedad,
la religión, su corrupción.

Sin "DIOS" todo es confusión,
cuando Él, sólo nos pide
amar y ayudar a los demás,
para bien de la humanidad.

EL ALMA

El alma no tiene edad
ella no tiene color,
el alma nunca envejece;
sólo crece, crece, y crece;
es lo que nos enriquece.

El alma siempre está viva
es luz que nos ilumina
sólo debemos prenderla
sonriéndole cada día.

El alma es una semilla
que con el tiempo germina
si la sabemos cuidar
dará hermosos frutos a la vida.

El alma es una estrella
que a veces está dormida
sólo hay que despertarla
y veras cuanto brilla.

El alma no tiene edad
el alma vuela en el tiempo
es un ser divino, nuestro sustento,
es un regalo de Dios
que siempre llevamos dentro.

DESAHOGO

Mi vocabulario no es extenso,
eso debo de admitir;
pero mi corazón, es intenso,
tiene mucho que decir.

Siento la necesidad,
de expresarles lo que siento
de mis humildes pensamientos
con ustedes compartir,

Callo lo que oigo decir
lo demás corre por dentro
aunque mucho me haga sufrir
en ocasiones feliz me siento.

Sólo tengo una frase,
qué más les puedo decir,
el desahogo de mi alma
es simplemente escribir.

MI PUEBLO

Del Caribe soy ¡hay Dios!
de esa isla soy
y tengo el alma llena
llena de amor y dolor.

Allá deje mi corazón
y voy a recogerlo
porque de esa tierra soy
¡Hay! Mi pueblo grita
¡hay! Mi pueblo llora.

Tantas despedidas de esa gente linda
dejando la tierra de nuestra señora
Caridad del cobre
Que es nuestra patrona.

Ella nos bendice, ella nos perdona
sabe bien que sus hijos lloran
lloran sus palmeras, sus mares
lloran cada día sus hermosas calles.

VUELO

Cuando escribo siento que vuelo
es mi espacio vacío, es mi tiempo
hago lo que quiero
escribo lo que siento.

Cuando escribo siento que vuelo
por el mundo ando sin miedo
escribiéndole a la luna, al sol intenso,
escribiéndole al cielo, al universo
a lo infinito, al ser supremo.

A un niño que corre, al anciano que veo
a los ríos, a los mares, a la fauna,
los temporales, a esa flor que se abre
a mi madre, a mi padre.

A mi esposo, a mis hijos que amo
a mis hermanos y sobrinos queridos
a los días que estamos
a mis amigos lejanos
y a la tierra que extraño.

Cuando escribo siento que vuelo
por el mundo ando sin miedo
hago lo que quiero
escribo lo que siento
con lo más puro de mi sentimiento.

DAMAS DE BLANCO

Mujeres valientes
que calman su llanto
saliendo a las calles
vestidas de blanco.

Llenas de dolor
llevan en su alma
una simple flor
buscan que el gobierno
les preste atención.

Son madres, esposas
hermanas, hijas, amigas
llevando clavada
en su alma una espina.

Defensoras de sus hombres
disidentes encausados
que por pensar diferente
el régimen ha encarcelado.

Abogadas del amor
y la verdad
que en silencio sólo piden
para ellos libertad.

Aunque sean maltratadas
aunque sean rechazadas
aunque sean reprimidas
guerrilleras firmes decididas.

Caminando por las vías
sólo piden
para ellos libertad
abogadas del amor.

¡CLARO QUE SI!

¡Claro que sí! enamorada estoy,
¡Claro que sí! loca por tu amor.

¿No lo sientes?
Cuando estamos frente a frente
y te acaricio con la mente.

¿No lo sientes?
Cuando te hablo y más que hablarte
beso tus labios con pasión ardiente.

¡Claro que sí! enamorada estoy,
¡Claro que sí! loca por tu amor.

¿No lo sientes?
cuando te acaricio, y te provoco,
para tenerte junto a mí.

¿No lo sientes?
Cuando tu mirar me estremeces,
y te acaricio dulcemente.

¡Claro que sí! enamorada estoy,
¡Claro que sí! loca por tu amor.

¿No lo sientes?
¿No lo sientes?

¡Claro que sí! enamorada estoy
loca de amor por ti.

LIBRE

Libre, como el aire;
que nos acaricia a todos por igual.

Libre, como las mariposas;
que en cualquier jardín vuelan sin avisar.

Libre, como las gaviotas;
que en el mar retozan sin daños causar.

Libre, como las palomas;
que en cualquier tejado s puedan posan.

Libre, como las estrellas;
que en el firmamento brillan sin molestar.

Libre, como la mente;
que puede pensar sin nadie escuchar.

Libre, decir lo que pienso;
que nada ni nadie me pueda callar.

Libre, andar por el mundo;
sin fronteras, ni límites, a donde quiera llega.

Libertad que debemos respetar
Porque dios nos hizo a todos por igual.

QUE TONTERÍA

Soñé, pensé despierta;
viví cubierta de pura fantasía.
creyendo ser la diosa,
y sólo era tu esposa,
que como una rosa,
se marchitó un día.

Qué tontería.
Vivir de espalda al mundo,
cediendo a tus antojos,
viviendo tus mentiras,
huyendo de la vida,
estando siempre al lado tuyo.

Qué tontería.
Ahora me doy cuenta
que debo dar mi amor
con límites y medidas,
pues, al menor descuido
puedes llegar a ser,
un simple objeto en su vida.

Qué tontería.

AIDA R. TINOCO

Mis poesías son producto de una fuente inspiradora que me acompañó desde muy niña, rodeando mi entorno de una gama de sensaciones, colores y hasta de melodías, sumergiéndome así en grandes momentos especiales donde fluían frases y palabras que yo plasmaba en cualquier lugar y hora del día.

Soy COLOMBIANA, nací en Barranquilla en septiembre 26 un día muy querido por mí. Mi residencia actual es en Miami, USA.

Amo entrañablemente a mi tierra, cuna de mis ancestros, donde mis raíces se nutrieron y fortalecieron con el noble carácter de mi madre Rebeca Herrera Márquez y el de un rígido y amoroso padre el Capitán Gustavo Tinoco Abelló.

Estudié en colegios religiosos entre los que se encuentra el Colegio de la Enseñanza, allí también fui guiada por las profesoras «monjas» María Teresa, María Sophia y la hermana «tía» Alicia de Jesús Tinoco Abelló. Tengo recuerdos imperecederos de este hermoso colegio, de su rigurosa enseñanza y de mis amigas de aquel entonces. Que hermosos recuerdos…

Participé en el libro de Antología del Arte de la Sociedad de Poetas y Escritores en el 2009, también publiqué en el año 2010 con la Editorial D´har Services, mi primer libro de poemas que es un acróstico de AMOR llamado: **A**usencia **M**emorias **O**h! **R**ecuerdos de mi Alma.

Ahora sigo con mi participación en este libro Un Horizonte Literario, el cual presento con orgullo.

http://AidaTinoco.ART.tripod.com/
aidatinocoART@gmail.com

A mis dos queridas hijas Giselle y Aida Lafaurie.
A mi amado nieto Nikolás Morgan Lafaurie

Derechos reservados

RECUERDOS

Desde niña mi padre
solía recitarme muchas poesías,
me leía libros
que yo oía ensimismada
escuchaba con deleite sus poesías.

Estaban las del gran poeta colombiano Julio Flores,
y otra que me encantaba oírle era, la de Garrid.
Y "Los Motivos del Lobo"
y muchas más... que me hacían sentir especial.
Eran, momentos sólo para mí.

Aprendí a soñar
brotaban de mi emociones,
sensaciones, figuras,
y vistas llenas de colores,
hasta con melodías
que dichosa allí lo plasmaba,
leyéndolas después con mucho regocijo
acumule más de 300 poesías
en todos estos años.

Las circunstancias,
los va y bienes de la vida
fueron apartándolas de mí,
casi sin darme cuenta.
Las añoré y alguna vez pensaba en ellas, mis
poesías...
Así el tiempo se suscitaba...
y la musa nuevamente
despertó la inquietud en mi alma
reclamando un espacio en mi vida
Por eso decidí escribir.

I MISS YOU

Sitting here along feeling so empty and lonely
I think of you often
I see your smile, heard your sweet voice
also wondering how you are.
What you are doing?
And wishing a could hold your in my arms.

I sit remembering all the days
we been together
playing, running y will never forget how you laugh
my sweet love

I sit here crying a tear for every minute we are apart
but life is life that some days I tell myself
I am strong enough
yet at other I cannot... I sit and cry

And wonder why should be like that
Why my sweet loves have to be this way?
Why love hurt this way? Why so much?

Though somewhere
In the loneliness
Somewhere in the emptiness of my soul
I realize that
It is not the loving that hurts so much...
It is being without you, my little sweet heart.

To my grandson

«12-21-09»

ENAMORADA

Hoy siento una brisa
una brisa nueva en mi existir
el cielo se ve límpido, hermoso
las luciérnagas a lo lejos se ven venir.

La vida, cuantas oportunidades
cada día, cada minuto, un nuevo latir
así son las cosas de la vida
que se presentan de repente
casi, casi sin pedir.

Enamorada sí., de la vida,
de un encanto sutil
del cielo, las estrellas y
de una paz siempre pedida, añorada.

Una sensación de estar
en una profundidad silente
latente, embriagadora
esplendida en su sentir

La profundidad lograda, luchada
la tranquilidad deseada
el encontrarse en paz contigo mismo
es lo ideal, vale la pena vivir.

«11- 13-09»

REFLEJO

Mirándose en aquellas aguas
aguas quietas, claras y profundas
un cielo azul se reflejaba
en lo infinito.

No cesaba de mirarse
unas veces bello, límpido, tranquilo
otras amenazantes,
con un triste y un gris de hastío
así fue despidiéndose el día.

La noche caía y allá en lo infinito
no dejaba de mirarse sorprendido
tenía ahora un manto negro
un manto oscuro
tejido en el firmamento.

Se tejió aquel manto
con estrellas fulgurosas
que con su titilar incansable
coquetas en la noche emergían y...

Poco a poco lentamente
ellas se movían
mientras una luz desbordante,
y cómplice les acompañaba
espectáculo maravilloso
divino… Aparecía.

Aquel manto oscuro
 fue cayendo en la rivera
un fresco aire con olor de hierbas
cayendo por los campos se mecía.

Poco a poco amanecía...
nuevamente observó
esas quietas y profundas aguas
que se despertaban
con el cántico de gaviotas
que alborozadas
allí se zambullían.

No, no ha dejado nunca
de admirarse el cielo...
de reflejarse
y de admirar su reflejo
de mirarse en aquel bello marco
en aquel bello espejo
en aquel divino cuadro,
realizado
por el mejor pintor del universo.

«2- 16-10»

LAS GOLONDRINAS

Dicen que cuando Cristo agonizaba
bajó del occidente un enjambre
de errantes golondrinas
rodeando al Cristo,
que jadeante allí estaba.
Sus ojos tristes posaronse
allí desoladas.

Viendo al vulgo
que por allí paseaba
ufanos, orgullosos de su vil hazaña...
las golondrinas cantaron asustadas
vertiendo sus lágrimas,
lágrimas de su alma.

Presagiaba tormenta
que por allí se avecinaba
y ellas tal como estaban,
tristes y desoladas
emprendieron el vuelo,
acompañando así
el alma del Cristo
que allí agonizaba.

MIS DOS AMORES

Como paso el tiempo
hoy, ya mis retoñitos crecieron y crecieron
son dos mujeres, que van por el mundo
sin que yo las lleve de la mano,
como lo solía hacer.

Cuan orgullosa me sentía
cuando paseaba con ustedes
que feliz me sentía...
Traviesas muchachitas
encantadoras mariposas con tantos bellos colores

Colores que yo ayude a pintar
con mucho amor
otros momentos
en que me quería volver
loca... De atar.

Ya paso el tiempo, al fin...
Acepté, que tenía que ser así
me ha costado mucho trabajo
pero al fin me decidí.

Las quiero y las necesito, son tan distintas...
entre las dos se complementan tantas cosas
la una dulce y de un carácter dispuesto a dar
la otra líder, observadora, sagaz., inquieta
muchachita...
Es Dios tan maravilloso que hasta eso me permitió
alcanzar.

Complemento hermoso, maravilloso
hoy les escribo, siempre las extraño
las pienso y pienso que de la mano
de mi padre amoroso siempre caminaran.

EL PÁJARO

Estoy herida como un pájaro en vuelo
y como él, quiero levantar el vuelo al cielo
quejidos... desesperanzas, ilusiones perdidas.
tremendamente adolorido tiembla su corazón,
palpita loco su pecho,
abierto su pico pide con ansias un poco de aliento.

Se desespera.
sus esperanzas en lontananzas,
mira al Lejano Oriente
en donde emprendía un feliz vuelo.

Perdida ya toda esperanza
piensa en sus hijos,
loco y triste desea emprender
nuevamente ese vuelo.

Sangre, sangre... brota de su herida
y lágrimas de sus ojos ya casi yertos.
Y en el último aleteo,
suspira loco, desesperado, tiembla todo su cuerpo.

Y, ya casi sin fuerzas, ni aliento
envía un último pensamiento a sus pequeños hijos
a quienes les llevaba alimento.

NAVEGA

Navega sobre mis alas niña adorada
que nada ni nadie te dañara
y así navegando sobre mis alas.
todas las cosas podrás sortear

Mis hombros son fuertes
mi alma también. Nunca en la vida
niña adorada nada ni nadie te ha de manchar

Ofuscaciones hay en la vida
tristezas, decepciones, traiciones también
más tú eres fuerte y darás a la vida
siempre el frente, nada te ha de suceder

Airosa tu cabeza, tu frente también
siempre darás el frente a la vida
que con sus brazos y sonrisas te ha de sostener

No temas a nada, ni nadie
tienes voluntad, amor propio, y una gran dignidad
no es arrancado del aire
lo sembraron en tus raíces unos jardineros
que orgullosos de ti están

De ese fruto bendito, que, fue el primero en sembrar
en el vientre de una madre
que anhelaba tu llegar
y se cansaba de tanto esperar
al fin llegaste tú, niña adorada.

Aquí unos brazos aún fuertes
 y su calor te sostendrán
navega tranquila hija querida
que toda la felicidad te espera,
pues yo la tengo pagada
y ganada ya está.

LEJANO O CERCA

Lejano o cerca en que la parca
se aparque en la acera de mi casa,
sintiéndose dueña señora de mi alma.
Sin mediar nada ni nadie,
impondrá el último aliento
de una vida que se aleja,
y que ya nunca, nunca volverá.

No importa si está lejos o cerca ese otro día,
en que un alma vuele a encontrarse con el Señor
a entregar cuentas, mostrar nuestro libro
que a todas estas también lo lleva Dios.

No importa cuán cerca o lejos esté,
cuando esa dueña alta, de espalda encorvada,
mirada profunda, decidida e indiferente
dibujada por el vulgo,
se aparcará en mi puerta
y yo tendré que decir adiós.

No importa cuán cerca o tan lejos
esté mi muerte… Si yo contigo
encontré entre tus brazos,
las delicias y la dicha que tanto rogué a Dios.

«7-02-09»

LA NOCHE

La noche cae
el musculo duerme
las tensiones se alejan
y un vago recuerdo
 invade la mente.

Tendremos sueños
de lindos colores
tendremos pesadillas
que darán temblores
más en el inconsciente
se adormecen
recuerdos que no se han ido
que permanecen allí,
con mucho sigilo.

La noche está callada,
la nostalgia invade
y un sagrado recuerdo
inunda mi alma.

Y allá en lo profundo
de un sueño no cumplido
siguen las nostalgias
de un sueño anhelado
y nunca vivido.

«2008»

UN AMANECER

Una suave brisa entraba
por la ventana
El aire hacía flotar las cortinas
que se levantaban
refrescando así todo mi cuarto
sintiendo el olor de mar,
y dolor de llanto.

Sumergida en un letargo
con el armonioso vaivén de la brisa,
y del dolor de llanto,
sumida en mil pensamientos
me arrebuje en mi almohada.

Fui envuelta así en sensaciones
inexplicables
música de arpa, olor a jazmines,
extasiada yo estaba
flotaba y...Flotaba
en un fascinante vórtice
que me arrastraba,
pidiendo muy dentro de mí que cesara.

Volé sin poderlo evitar
a un lugar recóndito
disfrute de esa sensación inefable
de estar en el aire
suspendida por nada...
observe cosas, parecía un ensueño
me gustaba,
pero me asustaba al mismo tiempo
Pedí nuevamente que cesara.

Pronto fui cayendo,
casi arrepentida de haber pedido

que se disminuyera
ese viaje tan placentero
nuevamente en mi recamara,
añorando lo perdido
fue un amanecer de brisa de mar,
de ensueños
y de un algo extraño...Pero vivido.

www.ingramcontent.com/pod-product-compliance
Lightning Source LLC
LaVergne TN
LVHW051110080426
835510LV00018B/1986